Don Bosco

Peter Erath · Eva Sandner

Unternehmen Kita

Wie Teams unter veränderten Rahmenbedingungen erfolgreich handeln

Don Bosco

Bibliografische Information der Deutschen Nationalbibliothek

Die Deutsche Nationalbibliothek verzeichnet diese Publikation in der Deutschen Nationalbibliografie; detaillierte bibliografische Daten sind im Internet über http://dnb.d-nb.de abrufbar.

ISBN 978-3-7698-1616-7
1. Auflage 2007

Umschlag und Layout: Martin Veicht
Fotos Umschlag u. Innenteil: Caritas-Präsentation „Qualitätsaspekte Bildung“, Caritasverband Regensburg 2003; Jochen Fiebig, IFP, München: S. 17, 21, 51, 59, 141
Lektorat: UNGER-KUNZ. Lektorat & Redaktionsbüro, Undorf
Produktion: Don Bosco Druck & Design, Ensdorf

Gedruckt auf umweltfreundlichem Papier

Inhalt

Einführung: Neue Rahmenbedingungen fordern Kindertagesstätten heraus

PISA – und was jetzt?

Was ist nicht alles gesagt und geschrieben worden, seit die Bildungspolitiker im Dezember 2001 durch den „PISA-Schock“ (d. h. die Veröffentlichung der ersten PISA-Studie aus dem Jahr 2000) in ihrer bis dahin festen Überzeugung erschüttert worden sind, Deutschland habe mit seinem dreigliedrigen Schulsystem eines der besten Bildungssysteme der Welt und verfüge über die am besten ausgebildeten und bezahlten Lehrerinnen und Lehrer. Und wie viele Delegationen sind nicht danach aufgebrochen, um die Bildungssysteme in den „erfolgreichen“ Ländern, wie Finnland, Australien oder Neuseeland, vor Ort bezüglich ihrer konkreten Strukturen und Methoden kennenzulernen. Sie kehrten mit neuen Erkenntnissen und der Forderung zurück, in Deutschland müsse sich einiges ändern – nicht nur im Schulbereich, sondern (und das interessiert natürlich vor allem im Zusammenhang mit dem Thema des vorliegenden Bandes) auch auf dem Gebiet der Elementarerziehung.

Da sich die Medien nun diesem Thema mit Schlagzeilen wie z. B. „Zu viele ‚Risikoschüler‘ drücken das Resultat“ (Berliner Zeitung v. 24.06.2002) intensiv zuwandten, überschlugen sich auch die Aktivitäten und Diskussionen bezüglich der Kindertagesstätten. Die Bildungsministerinnen und -minister forderten die rasche Entwicklung von Bildungsplänen für die Drei- bis Fünfjährigen, die Sozialpolitiker die sofortige Einführung von Sprachkursen für Kinder mit der Zweitsprache Deutsch, die Vertreter der Wirtschaft wiederum mehr Angebote zur Förderung mathematischer, naturwissenschaftlicher und technischer Kompetenzen. Die Erziehungswissenschaft schließlich plädierte dafür, die Ausbildung der Erzieherinnen und Erzieher an die Hochschulen zu verlegen und den entsprechend einzurichtenden Studiengang – ähnlich wie in anderen Staaten – in didaktisch-methodischer Hinsicht am Lehrplan der Grundschullehrerinnen und -lehrer auszurichten.

Doch wer nun vermutete, es würde eine große Bildungsoffensive gestartet werden, ähnlich derjenigen in den 1960er Jahren, gestützt auf viel Kompetenz, zusätzliche finanzielle Mittel und vielfältige Programme zur Fort- und Weiterbildung, der wurde alsbald eines Besseren belehrt. Die bildungspolitische Diskussion setzte nämlich zu einem Zeitpunkt ein, an dem schon lange klar war, dass aufgrund der sowieso schon hohen Aufwendungen für den Sozialbereich kein weiteres Geld für Reformen zur Verfügung stünde. Folglich musste das ambitionierte Projekt, Bildungspläne für den Kindergartenbereich zu entwickeln und einzuführen, sehr rasch, aber ohne die dafür eigentlich erforderlichen Finanzmittel durchgeführt

werden. Eine zusätzliche Erschwernis ergab sich dadurch, dass bereits im Vorfeld die Einführung neuer, kindbezogener Fördermodelle beschlossen worden war und somit zeitgleich auch neue Finanzierungs- und Steuerungsmodelle erprobt und umgesetzt werden mussten.

Die Skepsis, die sich aufgrund dieser Sachlage in vielen Kindertagesstätten breitgemacht hat, richtet sich also nicht so sehr gegen die Forderung, die neuen Bildungspläne möglichst optimal umzusetzen. Sie entspringt vielmehr der Tatsache, dass diese Aufgabe in einer Zeit realisiert werden soll, in der Länder und Kommunen gravierende Veränderungen bei der kommunalen bzw. regionalen Kindergartenbedarfsplanung in Angriff nehmen und bei der administrativen Steuerung der einzelnen Einrichtungen neue Methoden einführen. Für die Einrichtungen selbst bedeutet dies, dass sie nun als Dienstleister für die Kommunen oder Landkreise angesehen werden, die ihre Leistungen (und dazu gehört nicht nur die Bildung, sondern auch die Erziehung und Betreuung der Kinder) im Rahmen von Verträgen auf einem hohen Qualitätsniveau anbieten, umsetzen und nachweisen müssen. Auf diese Weise wächst aber nicht nur ihre Abhängigkeit von den Kommunen und Landkreisen; neue Finanzierungsmodelle führen zudem dazu, dass die Position der Eltern als „Kunden" gestärkt wird und die Konkurrenz zwischen den verschiedenen Einrichtungen zunimmt.

Die Kita als Unternehmen

Viel schneller als erwartet ist jetzt ein Zustand eingetreten, der noch vor wenigen Jahren als undenkbar galt: Im Bereich der Kindertagesstätten ist eine echte „Marktsituation" entstanden, die dazu führt, dass die Situation für die einzelne Einrichtung deutlich prekärer geworden ist. Natürlich muss diese Marktsituation nicht überall gleich heftig zutage treten, sie ist aber vielerorts schon Realität und kann für die bisher noch nicht betroffenen Regionen ohne Weiteres schnell Wirklichkeit werden. Die Erfahrungen, die zahlreiche Kindertagesstätten im Osten Deutschlands nach der Wiedervereinigung aufgrund des dort zu beobachtenden drastischen Geburtenrückgangs und der massiven Arbeitslosigkeit von Müttern machen mussten, werden jetzt auch im Westen zunehmend Tatsache. Die Kinderzahlen gehen auch dort zurück, die Eltern suchen sich „ihre"

Kindertagesstätte aus und nehmen Zeit und Fahrtkosten in Kauf, um ihr Kind zu der Einrichtung zu bringen, die sie für die geeignetste oder gar die beste halten. Und die Politik unterstützt diesen Trend „Elternposition", indem sie Eltern via Kita-Card bzw. Pro-Kopf-Bezuschussung dazu ermutigt, ihre individuelle Wahl zu treffen und gegebenenfalls auch wieder zu revidieren. Diese Beobachtung gilt im Prinzip auch dann, wenn die neuen Freiheiten durch restriktive „Gastkinderregelungen" wieder etwas zurückgenommen werden.

Die Situation wird zusätzlich noch dadurch verschärft, dass die Pro-Kopf-Förderung, die heute bereits in Ländern wie Bayern, Berlin und Hamburg angewandt wird, die Errichtung von privaten Kindertagesstätten begünstigt. Mit der Einführung von Fix-Beträgen werden nämlich die Kosten für die Betreuung der Kinder genauestens kalkulierbar – und auf dieser Basis können unternehmerische Entscheidungen besser getroffen werden als im Rahmen der bisher üblichen Gruppenfinanzierung, die zudem oftmals mit Sondergenehmigungen und viel Bürokratie einhergeht. Im Folgenden sei ein Beispiel für die Flexibilität genannt, die dagegen ein privater Kita-Anbieter, GFK, an den Tag legt:

> „Die Eltern (...) können ihre Kinder vielmehr ‚einbuchen', für Zeitkontingente zwischen zehn und 60 Stunden pro Woche. Wann sie die Kleinen bringen und abholen, darf sich von Tag zu Tag unterscheiden. Je nach Bedarf sind auch zusätzliche Stunden buchbar. Am Ende des Monats verschickt die Kindertagesstätte eine detaillierte Abrechnung. (...)
> Man bekommt eine Rechnung für eine erbrachte Leistung – Kinderbetreuung, betriebswirtschaftlich gesehen!"
>
> (aus: mobil, 03/2006, S. 64)

Freilich – auch hier wird nichts so heiß gegessen, wie es gekocht wird, und viele Regionen sind für private Anbieter aufgrund mangelnder Zielgruppen (und das sind in diesem Fall vor allem begüterte, bildungsnahe und berufstätige Eltern) letztendlich auch uninteressant. Trotzdem wird aufgrund dieser Entwicklung auch die Konkurrenz zwischen den bisherigen, vorwiegend verbandsmäßig organisierten oder kirchlichen Anbietern zunehmen und neue Steuerungsformen innerhalb der Einrichtungen erforderlich machen.

Neue Aufgaben für den Träger, die Kindertagesstättenleitung und das Team

Einrichtungen, die diesen drei neuen Herausforderungen – also der „Neuen Steuerung", der Budgetierung und der Bildungsplanorientierung – optimal gewachsen sein wollen, stehen sicherlich nicht vor völlig neuen Aufgaben. Wer bislang bereits die Qualität stetig verbessert sowie die konzeptionelle Entwicklung seiner Kindertagesstätte an den Bedürfnissen der Eltern und Kinder ausgerichtet hat und darüber hinaus auch sparsam und effizient mit den Ressourcen „Personal" und „Geld" umgegangen ist, der befindet sich bereits auf dem richtigen Weg. Allerdings verschärfen sich jetzt die Anforderungen doch deutlich, sodass auf Dauer nur solche Einrichtungen erfolgreich sein werden, die ihren „Auftritt" weiter optimieren können. Voraussetzung dafür ist aber, dass diese Kindertagesstätten auf allen drei Management-Ebenen, also auf der des Trägers, derjenigen der Leitung und derjenigen des Teams, entsprechend gut besetzt sind und über die entsprechenden Steuerungsinstrumente zur Be- bzw. Verarbeitung ihrer jeweiligen Aufgaben verfügen:

- Der Träger vertritt die Einrichtung aufgrund seines Leitbildes entschieden nach außen hin, er steuert sie über klare Kennzahlen und motiviert die Mitarbeiterinnen und Mitarbeiter mittels einer eindeutigen Qualitätspolitik sowie der Optimierung der Organisations- und Finanzstruktur.
- Die Leiterin bzw. der Leiter der Kindertagesstätte passt das Angebot der Einrichtung dem sich ständig verändernden Bedarf an, entwickelt das konzeptionelle Design kontinuierlich weiter, bewertet die Ergebnisse, initiiert Verbesserungsmaßnahmen und führt das Personal im Rahmen eines umfassenden Qualitätsmanagementsystems.
- Das Team schließlich setzt die konzeptionellen Vorgaben im Rahmen externer und einrichtungseigener Standards in der konkreten Praxis um, spürt Schwachstellen auf und entwickelt ständig Verbesserungsvorschläge.

Wichtig ist dabei vor allem, dass alle Beteiligten sich mit ihrer Einrichtung identifizieren sowie die verschiedenen Aufgabenbereiche und Verantwortlichkeiten kennen und bewusst und eigenständig wahrnehmen. Das Gebot der Stunde ist es also, Abschied zu nehmen vom althergebrachten Managementsystem, das nicht selten dadurch gekennzeichnet war, dass alle „irgendwie" an allem Anteil hatten, ohne dass sich letztendlich jemand konkret verantwortlich und zuständig fühlte.

Wie dieses Buch aufgebaut ist

In Kapitel I wird zunächst anhand der Entwicklungen seit den 1950er Jahren gezeigt, dass Kindergärten bzw. Kindertagesstätten in Bezug auf ihre Aufgabenstellung, ihr Selbstverständnis, ihre Ziele etc. einem ständigen Wandel unterworfen waren und sind. Damit soll deutlich gemacht werden, dass Veränderungen niemals nur als bedrohlich wahrgenommen werden dürfen, sondern zum Wesen der Dinge gehören – es kommt schließlich darauf an, wie man mit dem Wandel umgeht!

In Kapitel II werden dann die großen, derzeit an die Kindertagesstätten herantretenden

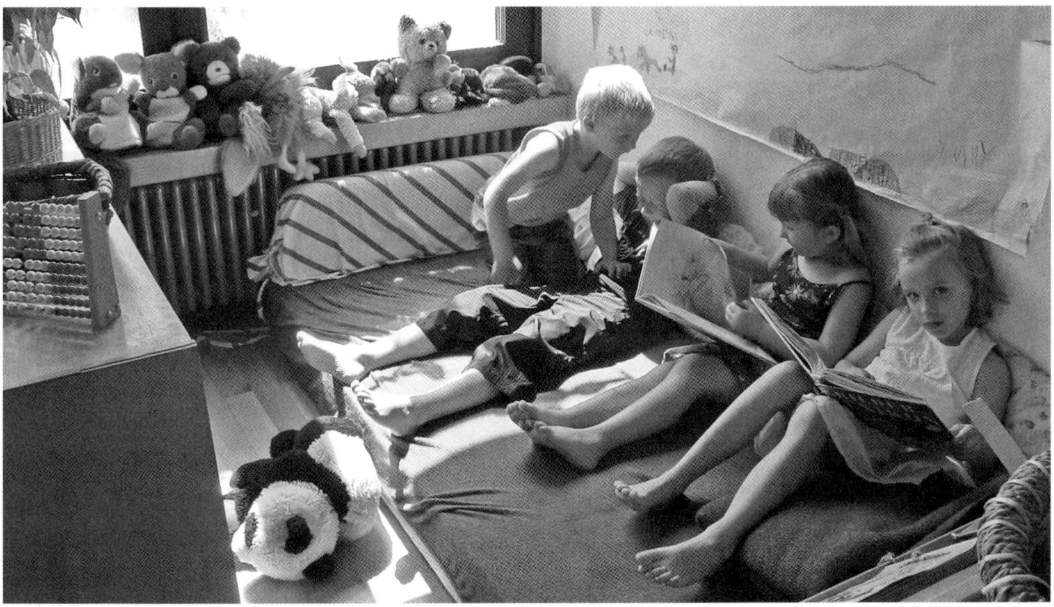

Herausforderungen dargestellt und diskutiert. Es handelt sich dabei um

- die Philosophie der „Neuen Steuerung“, die ein verändertes Verhältnis zwischen Kommune oder Landkreis als dem „Auftraggeber“ und der jeweiligen Einrichtung als dem „Leistungserbringer“ mit sich bringt,
- die Folgen der neuen Finanzierungsmodelle (Stichwort „Pro-Kopf-Förderung“), die für die finanzielle Steuerung der Einrichtungen von einschneidender Bedeutung sind,
- die Bedeutung der verschiedenen länderspezifischen Bildungspläne und ihre Auswirkungen auf die zukünftige didaktisch-methodische Arbeit, vor allem mit den drei- bis fünfjährigen Kindern.

Kapitel III beschäftigt sich dann mit den Folgerungen, die sich aus den veränderten Anforderungen für das Management einer Kindertagesstätte ergeben. Hier wird dargestellt, welche gleichbleibenden und welche neuen Aufgaben sich heute für die Träger, die Leitung und das jeweilige Team ergeben, und welche Steuerungsinstrumente dabei von Nutzen sein können. Konkrete Beispiele, wie solche Lösungen in die Formulierung von Qualitätsstandards einfließen können, dienen dabei der Verdeutlichung des Gesagten.

In Kapitel IV wird noch einmal dargestellt, warum nur ein Qualitätshandbuch die Integration aller Steuerungsmaßnahmen zufriedenstellend gewährleisten kann. Dabei wird der Aufbau eines solchen Buches nochmals in groben Zügen erläutert und beispielhaft konkretisiert.

Kapitel V bietet schließlich noch drei Praxisbeispiele für einen gelungenen Umgang mit den neuen Herausforderungen. Das erste Beispiel, aus Bremen, zeigt, wie Kinderbeobachtung mithilfe eines Portfolios so angelegt werden kann, dass sie der Intention der Bildungspläne, die Kinder als aktive Gestalter ihrer eigenen Lerngeschichte zu positionieren, gerecht wird. Die damit verbundenen Erkenntnisse können zugleich als Ausgangspunkt für die Elterngespräche dienen. Das zweite Beispiel, aus Eichstätt (Bayern), stellt die Oberfläche eines Software-Programms vor, das die Kindergartenleitung dabei unterstützt, die neue Form der Pro-Kopf-Förderung so zu visualisieren, dass sich daraus (tages-)genaue Daten über einzelne Kostenfaktoren ableiten und bearbeiten lassen.

Das dritte Beispiel schließlich, von Rainer Büttner aus Freiburg, stellt ein Dokumentationssystem vor, mit dem eine Einrichtung abgleichen kann, inwieweit sie die durch die Bildungspläne gegebenen Vorgaben mit ihren Angebotsformen auch tatsächlich abdeckt. Dies ermöglicht eine rasche Überprüfung der individuellen Zielumsetzung bezüglich jedes einzelnen Kindes und eine eventuell notwendige, entsprechende Anpassung des Angebots.

Wie man dieses Buch nutzen kann

Wer genügend Zeit und Interesse hat, kann das Buch natürlich von vorne bis hinten durchlesen. Damit erhält man eine umfassende Darstellung der derzeitigen Entwicklung, der damit verbundenen Herausforderungen und auch der Möglichkeiten zu ihrer Bewältigung.

Es ist aber auch möglich, nur diejenigen Abschnitte auszuwählen, die speziell für die jeweiligen Beteiligten interessant sind. Für die Träger bietet es sich in diesem Zusammenhang an, zunächst als kurze Einführung das Kapitel II zu lesen und sich dann mit den speziell sie betreffenden Aufgabenstellungen auseinanderzusetzen, welche in Kapitel III im Abschnitt „Träger und normatives Management" beschrieben werden. Kapitel IV rundet die Darstellung für diese Gruppe ab. Personen in der Kindergartenleitung können sich entsprechend auf die Kapitel II, den Abschnitt „Kindertagesstättenleitung und strategisches Management" in Kapitel III und das Kapitel IV, die pädagogischen Fachkräfte auf Kapitel II, den Abschnitt „Team und operatives Management" in Kapitel III und das Kapitel IV konzentrieren.

Wer sich über die in Kapitel IV gemachten Ausführungen hinaus vertieft mit den Fragen des Qualitätsmanagements auseinandersetzen möchte, der sei insbesondere auf die von einem der Autoren des vorliegenden Bandes zusammen mit Franz Schwarzkopf verfasste CD-ROM mit dem Titel „Das Kita Qualitätshandbuch" (Erath/Schwarzkopf, 2004) verwiesen.

Die Musterbögen im vorliegenden Band sind Ergebnisse von Praxisprojekten und dienen der Verdeutlichung des jeweils Dargestellten.

I. Von der Bewahranstalt zum Dienstleistungsunternehmen – Kindertagesstätten im steten Wandel

Im folgenden Kapitel werden die pädagogisch-didaktischen und bildungspolitischen Entwicklungen im Kindergarten- bzw. Kindertagesstättenbereich seit dem Ende des Zweiten Weltkriegs überblicksartig dargestellt.
Eine kritisch orientierte Auseinandersetzung mit diesem Thema schafft Distanz und bietet die Möglichkeit zu erkennen, dass über die (bildungs-)politische Positionierung des Kindergartens zu allen Zeiten kontrovers diskutiert wurde und auch die gegenwärtige Situation nur eine Momentaufnahme darstellt. Es gilt, sich sowohl als Träger als auch als Leitungsperson oder Mitarbeiterin bzw. Mitarbeiter einer Einrichtung den damit verbundenen Herausforderungen zu stellen – dies jedoch stets im Wissen darum, dass sich mögliche Konzepte und Schwerpunktsetzungen, wie sie heute entwickelt werden, bereits in wenigen Jahren wieder verändern können und damit neue Anpassungsleistungen erforderlich machen.

Kindheit bewahren und Schule nicht vorwegnehmen

Nach dem Ende des Zweiten Weltkriegs kam es in (West-)Deutschland nicht, wie man vielleicht hätte erwarten können, zu einer Neuorientierung auf dem Gebiet der öffentlichen Kleinkinderziehung. Im Gegenteil – man knüpfte wieder an die hermeneutisch-pädagogischen Traditionen der Kindergartenpädagogik aus der Zeit vor 1930 an.
Gemäß dieser Pädagogik sollten die Kinder im Kindergarten einen „Schonraum“ vorfinden, in dem sie ihre Anlagen ohne äußeren Druck entfalten können. Nach dem Rousseau'schen Motto „Wer Zeit verliert, wird Zeit gewinnen!“ sollten sie vor einer Beschleunigung ihrer kognitiven Entwicklung geschützt werden (ganz ähnlich den Gedanken von Maria Montessori, derzufolge die Entwicklung des Kindes nur angeregt, nicht aber gesteuert werden kann) und einen Raum vorfinden, der insbesondere Platz bietet für die Förderung von Emotionalität

und Sozialität. Anders gesagt: Die Kindlichkeit des Kindes und nicht dessen frühe Vereinnahmung durch den Staat wurde wieder in den Vordergrund gestellt!

Deshalb galt es auch nicht als Aufgabe des Kindergartens, ein bestimmtes Ziel, wie z. B. die Schulfähigkeit, direkt anzustreben. Vielmehr sollten nur die grundlegenden Fähigkeiten und Verhaltensweisen in altersgemäßer Weise gefördert werden, auf denen die Schule später aufbauen konnte. Lediglich die Fünfjährigen wurden zum Teil altersgleich zusammengefasst, um sie von der Spiel- zur Arbeitshaltung zu führen. Der Tagesablauf sollte im natürlichen Wechsel von Bewegung und Ruhe, Anspannung und Entspannung etc. gestaltet werden:

> „Nach dem eindrucksreichen Hinweg kommt die Pause des Händewaschens, nach dem Freispiel, in dem innere Lebendigkeit abreagiert und zugleich gesteigert wird, die Sammlung durch das Morgenlied, nach der Pause des Frühstücks, währenddessen von selbst nicht viel geredet wird, die neue Anspannung des Bewegungs- und Turnspiels, des Spaziergangs oder der Gartenarbeit und schließlich die körperliche Ruhe, die zugleich doch geistige Aktivität ist wie das Kneten, Bauen, Malen und Singen. Darauf folgt dann noch die Sammlung im Schlusslied.“
>
> (Blochmann, 1961, S. 329)

Bei allen Vollzügen kam dabei der Gemeinschaft eine wichtige Rolle zu: das Kind dazu befähigen, mit anderen zusammenzusein, eigene spontane Bedürfnisse zurückzustellen und sich dem Rhythmus von Notwendigkeiten zu unterwerfen. Deshalb vollzog man alle Tätigkeiten, bis hin zum Gang zur Toilette, gemeinschaftlich, was heute oft belächelt wird, damals aber „methodisch“ begründet wurde. Wie leicht sich solche Vollzüge im Dritten Reich zum „paramilitärischen Drill“ pervertieren ließen, wird hier noch einmal deutlich!

Der „Sputnikschock“ und die Folgen

Der anschließende „Kalte Krieg“ und die für die westliche Welt nicht hinnehmbare Erkenntnis, dass die Sowjetunion als erstes in der Lage gewesen war, eine Rakete ins Weltall zu schießen (der sogenannte „Sputnikschock“), führten dann zu einem politischen Klima, in dem Kinder deutlicher als vorher als für die Gesellschaft wichtige, zukünftige Berufstätige, Experten, Wissenschaftler etc. wahrgenommen wurden – eine gewisse Ähnlichkeit zum aktuellen PISA-Schock bezüglich des deutschen

Bildungssystems lässt sich hier nicht übersehen. Gleichzeitig boten die Forschungsergebnisse im Bereich der Entwicklungspsychologie, insbesondere die zu jener Zeit boomende Intelligenzforschung, eine neue Sicht auf die kindliche Entwicklung.

Die Folge war, dass Anfang der 1960er Jahre eine Fülle von Materialien und Programmen zum Training verschiedener Teilfunktionen auf den Markt kam und von Erzieherinnen und Erziehern sowie Eltern mit dem Ziel einer frühen Intelligenzförderung eingesetzt wurde. Verlage wie z. B. Otto Maier in Ravensburg entstanden und steigerten die Produktion von Lernmaterialien und Lernspielen sehr schnell um ein Vielfaches.

Vor allem der Psychologe Werner Correll (Correll, 1970) vertrat die damals innovative Auffassung, dass schon im Vorschulalter mit dem systematischen Lernen begonnen werden solle, um Kinder auf das Lernen in der Schule vorzubereiten. Mittels programmierter Instruktionen sollten Fertigkeiten wie Lesen und Rechnen frühzeitig trainiert werden. Vorläufer des „Little Professor", so etwa die Lesemaschine, das programmierte Lernen und Materialien zum Selbstlernen, wie sie z. B. auch Célestin Freineit oder Maria Montessori für Kindergarten und Schule entwickelt haben, wurden jetzt neu entdeckt. Viele Hoffnungen auf eine direkte Verbesserung der intellektuellen Leistungen von Kindern waren mit diesem Ansatz verbunden, konnten aber nicht im erhofften Maße eingelöst werden.

Der Grund hierfür war, dass die (west-)deutsche Kindergartenpädagogik diesen „funktionsorientierten" Ansatz nur halbherzig übernommen hat, weil er insgesamt dem spielerischen und kindorientierten Charakter des Kindergartens widersprach. Geblieben sind allerdings bis heute die zahlreichen Lernspiele, wie z. B. Steck-, Knüpf- und Legematerialien sowie Puzzles, Memory- und Lottospiele etc., die wir im Kindergarten wiederfinden, und zugleich die Hoffnung vieler Eltern, dass sich die Intelligenz ihrer Kinder mit dem Kauf und der Anwendung vielfältiger Spiele, Kleincomputer usw. steigern lässt.

Die „kritischen" siebziger Jahre

Die gesellschaftlichen Entwicklungen Ende der 1960er und in den 1970er Jahren, insbesondere die Kritik der Studierenden und Jugendlichen an der durch Unterordnung und

Pflichterfüllung geprägten öffentlichen Moral sowie der immer noch nicht aufgearbeiteten Nazi-Vergangenheit der Väter und Großväter und die damit verbundenen studentischen Unruhen, machten auch vor dem Kindergarten nicht Halt. Kritische Pädagogen, wie z. B. Jürgen Zimmer (zusammenfassend: Zimmer, 1985), trafen mit ihrer schonungslosen Kritik genau den Kern der traditionellen Kindergartenpädagogik. Der Slogan „Macht die Fenster auf, lasst das Leben rein!“ wurde Ausgangspunkt einer schonungslosen Aufdeckung bisher nicht hinterfragter und damit „unkritisch“ übernommener „Rituale“ im Kindergarten. Kritisiert wurde(n) jetzt insbesondere:

- eingeschliffene Abläufe, die das gewohnte, allzu selbstverständliche Bild des Kindergartens prägten (fest gefügte Tagesabläufe, genau auf bestimmte Zeiten festgelegte Tätigkeiten, ausschließliche Orientierung am Jahreskreislauf, eingeengtes Erzieherverhalten);
- das Festhalten an der Konzeption des Kindergartens als „Schonraum“. Diesen Begriff bezeichneten die Kritiker als „ideologisch“. Nach außen würde dabei nämlich der Schonraum postuliert, nach innen würde sich aber dann doch der Druck der Gesellschaft, der Eltern und der Schule auf die Kinder auswirken;
- die Konstruktion des Kindergartens als total durchorganisierte Welt. In diesem Zusammenhang wurde behauptet, im Kindergarten wären keine Freiräume mehr für die Kinder vorhanden, während z. B. versicherungsrechtliche Fragen, oder auch die Erfordernisse der Putzfrau oder etwa des Hausmeisters die freie pädagogische Arbeit behinderten;

- die Ideologie der Kindgemäßheit. Der Vorwurf lautete hier, bestimmte Inhalte würden als kindgemäß herausgestellt, andere dagegen bewusst ausgeklammert. Wichtige Themen, wie etwa Umweltzerstörung, Aufrüstung, Leid, Geschlechtergleichstellung etc. kämen nicht vor und würden aus diesem Grund im Kindergarten gar nicht behandelt;
- die Ausstattung von Kindergärten. Die Kindergärten würden als eine heile Kindwelt konstruiert, die man im Katalog kaufen könne. Dabei gelte das Ideal einer unverdorbenen, naturnahen Kindheit, bei der die Pädagogen vorgäben zu wissen, was für Kinder wertvoll sei und was nicht.

Als Gegenmodell zu diesem „ritualisierten" Kindergarten entwickelte Jürgen Zimmer dann acht Charakteristika eines „reformorientierten, situationsorientierten Kindergartens":

1. Die Lern- und Erfahrungsprozesse von Kindern sollen sich auf deren Lebenssituationen beziehen. Kinder verschiedener sozialer Herkunft sollen darin gefördert werden, Lebenssituationen der Gegenwart und der näheren Zukunft möglichst selbstbestimmt und sachgerecht zu bewältigen.
2. Es besteht ein Primat des sozialen Lernens. Das sachbezogene Lernen und der Erwerb von Kenntnissen und Fertigkeiten werden dem sozialen Lernen untergeordnet und nach Möglichkeit auf soziale Zusammenhänge bezogen.
3. Der Tendenz nach wird die Arbeit in der altersgemischten Gruppe einer Organisation des Lernens in altershomogenen Gruppen vorgezogen, wodurch Kinder unterschiedliche Erfahrungen austauschen und hierarchische Lehr- bzw. Lernverhältnisse abgebaut werden können.
4. Eltern und andere Erwachsene können sich an der Arbeit des Kindergartens beteiligen. Eltern sind von den Lebenssituationen ihrer Kinder mitbetroffen, sie können ihre lebenspraktische Kompetenz bei der Planung und Durchführung pädagogischer Aktivitäten einbringen und zugleich mitlernen.
5. Die Kinder können sich an der Planung des pädagogischen Geschehens beteiligen. Das Verhältnis zwischen Erwachsenen und Kindern gleicht dann weniger einem klassischen Lehr- und Lernverhältnis als vielmehr einem von Erwachsenen und Kindern gemeinsam getragenen Erfahrungs- und Kommunikationsprozess, in dem die Beteiligten Lehrende

und Lernende zugleich sein können und die Erzieherinnen und Erzieher nicht die allein sachverständige Rolle innehaben.

6. Lernen in Lebenssituationen meint auch Lernen in Handlungsfeldern außerhalb des Kindergartens. So werden Lernorte im Gemeinwesen über Projekte erschlossen, und Erwachsene aus dem sozialen Umfeld beteiligen sich an Vorhaben innerhalb und außerhalb des Kindergartens.
7. Die Planung des Alltags im Kindergarten ist offener und entritualisierter als vor Beginn der Reform. Die Tageseinteilung vollzieht sich weniger stark nach einem festem Muster, sie ist vielmehr situationsbezogener. Es wird stärker im Team und gruppenübergreifend gearbeitet.
8. In ihrer Ausstattung sind die neuen Kindergärten reicher an Anregungen, stärker in Eigeninitiative gestaltet und weniger unwirtlich. Bisherige Funktionstrennungen werden teilweise dadurch aufgehoben, dass Verkehrs- in Nutzflächen verwandelt werden. Der Wandel von Gruppenräumen hin zu differenzierten Lern- und Erfahrungszonen ähnelt den Gestaltungsprinzipien von Klassen mit offenem Unterricht (Zimmer, 1985).

Ziel dieser neuen Kindergartenpädagogik war es, die „Kompetenz" der Kinder in ihren „Lebenszusammenhängen" zu stärken. Sie sollten dadurch in die Lage versetzt werden, autonom zu handeln und sich aktiv und selbstständig mit der Umwelt auseinanderzusetzen. Wichtige „Lernthemen" waren dabei vor allem situative Anlässe, die von lebensgeschichtlicher Bedeutung sind, wie z. B. die Geburt eines Kindes, hellhörige Wohnungen etc., aber auch Themen aus dem Stadtteil oder der Politik. Gelernt wurde im Rahmen von Projekten, verstanden als gemeinsam geplante Abfolge von Schritten, die dem unmittelbaren sinnlichen Erfahrungserwerb galten und die dazu dienten, wichtige Teile einer Lebenssituation aufzuklären. Diese Projektthemen dienten dann der Anregung vielfältiger Spiele, in denen die Kinder das neue Wissen verarbeiteten, und didaktischer Schleifen, die die Erzieherinnen und Erzieher dazu entwickelten, um den Kindern noch nicht vorhandenes Wissen auf kursähnliche Weise zu vermitteln (wenn die Kinder z. B. telefonieren wollen, müssen die Zahlen von 0 bis 9 gelernt und unterschieden werden etc.).

Schließlich geriet der Situationsansatz Ende der 1980er Jahre insbesondere aus drei Gründen in die Kritik. Erstens stellte sich immer wieder die Frage, ob die Kinder mit einem offenen und auch thematisch entstrukturierten Kindergarten nicht teilweise überfordert sind. Zweitens wurde bezweifelt, ob es den Erzieherinnen und Erziehern gelingen kann, die vielschichtige gesellschaftliche Bedingtheit der realen Handlungsfelder der Kinder tatsächlich so aufzuschlüsseln, dass sie darüber autonom verfügen können. Und drittens regte sich zunehmend der Verdacht, der Begriff „situationsorientiert“ würde von vielen Einrichtungen lediglich als plakatives Aushängeschild verwendet, um dahinter weiterhin den „alten“, eng am Jahreskreislauf (und am Kirchenjahr) orientierten Kindergarten zu verbergen.

Die Wiedervereinigung und die Folgen

Die Auseinandersetzung um die „Qualität“ des Situationsansatzes erhielt schließlich durch die Wiedervereinigung der beiden deutschen Staaten eine nicht vorhersehbare Wendung. Immerhin trat dem in der alten Bundesrepublik gepflegten situationsorientierten Ansatz nun das durchstrukturierte, lehrplanmäßig aufgebaute und zielorientierte Konzept aus der ehemaligen DDR gegenüber. Doch – wie in vielen anderen Bereichen – nahm sich niemand Zeit, die beiden Modelle ernsthaft zu diskutieren und aufeinander zu beziehen.

Die Politik und die Erziehungswissenschaftler aus den alten Bundesländern begnügten sich zunächst damit, das „Programm für die Bildungs- und Erziehungsarbeit im Kindergarten der Deutschen Demokratischen Republik“ (Ministerrat, 1985) in Bausch und Bogen als „ideologisch“ zu verurteilen und den Situationsansatz – trotz aller seiner im Westen inzwischen bekannten didaktisch-methodischen Schwächen – mittels groß angelegter Projekte (und damit verbundener üppiger Budgets) als zukünftiges Konzept für den Kindergarten in den östlichen Bundesländern zu implementieren.

Auf diese Weise kam es schließlich zu einer Renaissance des Situationsansatzes, im Rahmen derer zwar zahlreiche seiner früheren Mängel behoben wurden, aber auch kein wirklich neues Konzept entstand. Eine eigene Veröffentlichungsreihe dient jetzt dazu, „best-practice-Modelle“ vorzustellen und auf diese Weise das Verständnis für diesen Ansatz und insbesondere seine Praxisrelevanz zu vertiefen (vgl. Institut für den Situationsansatz (ISTA) in der

Internationalen Akademie (INA) an der FU Berlin (www.ina-fu.org) bzw. Praxisreihe Situationsansatz, Beltz, Weinheim/Basel).

Das neue Kinder- und Jugendhilfegesetz (SGB VIII)

Das am 1.1.1991 in Kraft getretene SGB VIII (Kinder- und Jugendhilfegesetz/KJHG) brachte schließlich eine zusätzliche Wendung in die Entwicklung der Kindergartenlandschaft. Dieses Gesetz definiert den Kindergarten – neben anderen, wie z. B. Krippe und Hort – als eine spezifische Form der „Tageseinrichtung[en] für Kinder“, mit dem umfassenden Auftrag der Betreuung, Bildung und Erziehung des Kindes. Dieser Auftrag wird jedoch jetzt nicht mehr nur als ein pädagogisches (Zusatz-)Angebot definiert, sondern als ein „Leistungsangebot“, das an den Bedürfnissen der Kinder und ihrer Familien ausgerichtet werden soll. Es entsteht ein Rechtsanspruch auf einen Kindergartenplatz, und zugleich wird gefordert, dass bei dessen Umsetzung die Erziehungsberechtigten „in wesentlichen Angelegenheiten der Tageseinrichtung zu beteiligen“ (KJHG, § 22) sind. Damit wird der Kindergarten zur Dienstleistungseinrichtung, und folgerichtig erhalten die Träger der öffentlichen Jugendhilfe den Auftrag, genügend Kindergartenplätze bereitzuhalten und durch eine vorausschauende Planung dafür zu sorgen, dass „die zur Erfüllung der Aufgaben nach diesem Buch [gemeint ist das SGB VIII; d. Verf.] erforderlichen und geeigneten Einrichtungen, Dienste und Veranstaltungen den verschiedenen Grundrichtungen der Erziehung entsprechend rechtzeitig und ausreichend zu Verfügung stehen“ (KJHG, § 79,2).

Da auf diese Weise die Anspruchs- und Mitwirkungsrechte der Eltern gestärkt werden, rückt nun ein bislang kaum beachteter Aspekt des Kindergartens in den Vordergrund: der der Betreuung. Festgestellt wird jetzt – und der Vergleich mit der Situation in den neuen Bundesländern macht dies noch deutlicher – dass in den alten Bundesländern ein großer Mangel an Kindergartenplätzen besteht, dass die drei- und unter dreijährigen Kinder kaum eine Chance haben, in einen Kindergarten oder eine Krippe aufgenommen zu werden und dass von den Kindertageseinrichtungen insbesondere für berufstätige Mütter kaum angemessene Betreuungszeiten angeboten werden.

Die Träger der öffentlichen Jugendhilfe, d. h. die Kommunen und die Landkreise, beginnen jetzt damit, die Zahl der Betreuungsplätze kontinuierlich zu erhöhen, zunächst vor allem durch Doppelbelegungen, zunehmend aber auch über die Schaffung neuer Gruppen und Einrichtungen. Die Kindergartenlandschaft beginnt sich gravierend zu verändern. Neben Einrichtungen, die bezüglich Öffnungszeiten und konzeptioneller Ausrichtung das klassische Angebot bereithalten, treten nun zunehmend solche, die ihr Leistungsspektrum – im Rahmen der Angebotsform „Kinderhaus“ – vielfältig diversifizieren: Im Rahmen von Früh- und Spätdiensten werden die Öffnungszeiten dem sich ständig verändernden Bedarf der Eltern angepasst, und auch die Bereitstellung einer größeren Bandbreite von Betreuungsformen, z. B. für Kinder unter drei Jahren, für Kinder mit Behinderungen etc., wird diskutiert (Griebel u. a., 2004; Erath/Amberger,

2000). Zunehmend entstehen auch Einrichtungen in betrieblicher Trägerschaft. Auf diese Weise bildet sich eine – natürlich immer noch regional sehr unterschiedliche, aber insgesamt doch vielfältige – Landschaft von Tageseinrichtungen heraus, mit der versucht wird, den elterlichen (Dienstleistungs-) Erwartungen möglichst umfassend zu entsprechen.

Der Kindergarten als Bildungseinrichtung

Die zunehmend globalisierte Ausrichtung von Politik und Wissenschaft auch in Deutschland führt seit den 1990er Jahren zu zwei die heutige Situation der Kindergärten prägenden Entwicklungen:

1. Auch in Deutschland werden auf dem Gebiet der Kindergartenpädagogik in immer stärkerem Maße internationale Forschungsergebnisse aufgegriffen. Dies führt z. B. dazu, dass Instrumente, die zur Qualitätseinstufung von Tageseinrichtungen in den USA eingesetzt werden, nun auch in Deutschland Verwendung finden. Die Ergebnisse aus solchen Vergleichsstudien fallen zwar nicht allzu schlecht aus, nach Tietze geben sie jedoch trotzdem Anlass zur Sorge, weil z. B. die Prozessqualität in deutschen Kindergärten „auch nach einem Vierteljahrhundert Kindergartenreform – lediglich im Bereich gehobener Mittelmäßigkeit" liegt und seiner Ansicht nach dringend der Verbesserung bedarf (Tietze, 1998, S. 337). Vor diesem Hintergrund entstehen nun neue Instrumentarien zur Einschätzung der Qualität von Kindertageseinrichtungen, wie z. B. die Kindergarteneinschätzskala KES-R und die Krippeneinschätzskala KRIPS-R, sowie eine vielfältige Literatur zur Verbesserung der Qualität von Tageseinrichtungen (Kronberger Kreis, 1998; Erath/Schwarzkopf, 2004). Die deutsche Kindertagesstättenlandschaft ist jetzt offensichtlich nicht mehr nur sich selbst genug, sondern sucht den Anschluss an die internationale „best practice"!

2. Auch die im Schulbereich durchgeführten ländervergleichenden OECD-Studien, die allgemein als PISA-Studien bekannt geworden sind, fallen – gemessen an den hohen Erwartungen – für Deutschland eher mäßig aus. Exemplarisch wird dies an den Er-

gebnissen der PISA-Studien 2001 bzw. 2003 deutlich. In der Studie von 2001 wurden insbesondere die Lesekompetenzen und in der von 2003 die Mathematikkompetenz erhoben. Die Auswahl der beteiligten fünfzehnjährigen Schülerinnen und Schüler wurde über eine wissenschaftliche Wahrscheinlichkeitsstichprobe festgelegt.

Im Bereich der Lesekompetenz bei den Fünfzehnjährigen (hier wurde eine Einordnung in fünf Kompetenzstufen vorgenommen) lagen die deutschen Schülerinnen und Schüler insgesamt im Durchschnitt, in den höheren Kompetenzstufen 3 bis 5 aber teilweise deutlich hinter Ländern wie z. B. Neuseeland, Finnland, Australien, Kanada und Belgien:

Stufen	Deutschland	Neuseeland	Finnland	Australien	Kanada	Belgien
Untere Stufe 1 (weniger als 335 Punkte)	9,3%	4,8%	1,1%	3,6%	2,3%	7,8%
Stufe 1 (335 – 407 Punkte)	13,0%	9,7%	4,6%	8,2%	7,3%	10,0%
Stufe 2 (408 – 480 Punkte)	19,8%	18,5%	14,6%	18,3%	18,3%	18,2%
Stufe 3 (481 – 552 Punkte)	26,3%	26,3%	31,7%	28,4%	31,0%	26,0%
Stufe 4 (553 – 625 Punkte)	21,9%	24,3%	33,4%	26,9%	28,6%	25,4%
Stufe 5 (über 626 Punkte)	9,6%	16,3%	14,7%	14,6%	12,6%	12,5%

Gesamtskala Lesekompetenz: Ergebnisse der deutschen Schülerinnen und Schüler und Vergleichsdaten der Länder Neuseeland, Finnland, Australien und Kanada, Belgien (aus: Erste Ergebnisse von PISA 2003, S. 493, unter: www.bmbf.de/de/3292.php)

Ein ähnliches Bild ergibt sich im Bereich der Mathematik, wo eine sechsstufige Kompetenzskala benutzt wurde. Auch hier lagen die deutschen Schülerinnen und Schüler im Durchschnitt, einige Länder aber doch eindeutig darüber. Dies wird besonders deutlich am Umstand, dass lediglich 1,5% der finnischen Schülerinnen und Schüler der untersten Kompetenzstufe zugeordnet wurden, im Gegensatz zu 9,2% in Deutschland.

Für den Elementarbereich waren diese Ergebnisse deshalb wichtig, weil man sich bei der

Stufen	Deutschland	Belgien	Japan	Korea	Niederlande	Finnland
Untere Stufe 1 (weniger als 358 Punkte)	9,2%	7,2%	4,7%	2,5%	2,6%	1,5%
Stufe 1 (358 – 420 Punkte)	12,4%	9,3%	8,6%	7,1%	8,4%	5,3%
Stufe 2 (421 – 482 Punkte)	19,0%	15,9%	16,3%	16,6%	18,0%	16,0%
Stufe 3 (483 – 544 Punkte)	22,6%	20,1%	22,4%	24,1%	23,0%	27,7%
Stufe 4 (545 – 606 Punkte)	20,6%	21,0%	23,6%	25,0%	22,6%	26,1%
Stufe 5 (607 – 668 Punkte)	12,2%	17,5%	16,1%	16,7%	18,2%	16,7%
Stufe 6 (über 668 Punkte)	4,1%	9,0%	8,2%	8,1%	7,3%	6,7%

Gesamtskala Mathematik: Ergebnisse der deutschen Schülerinnen und Schüler und Vergleichsdaten der Länder Belgien, Japan, Korea, Niederlande und Finnland (aus: Erste Ergebnisse von PISA 2003, S. 404, unter: www.bmbf.de/de/3292.php)

Suche nach den Ursachen für das moderate Abschneiden der deutschen Schülerinnen und Schüler nicht nur auf die Diskussion von Maßnahmen zur Verbesserung des Schulsystems beschränkte, sondern in diesem Zusammenhang auch die Frage gestellt wurde, welchen Anteil der Kindergarten am „Versagen" des deutschen Bildungssystems hat. Dabei unterlag die Debatte einer gewissen Dramatisierung. Zum einen wurde in der Öffentlichkeit vorschnell der Eindruck erweckt, der Bildungsrückstand deutscher Kinder erkläre die hohen Arbeitslosenzahlen – eine stärkere Investition in die Bildung würde also direkt zu einem Rückgang der Erwerbslosenquote führen und damit den Sozialhaushalt entlasten. Zum anderen wandten sich (Fach-)Publikationen und Diskussionen, wie gesagt, auch dem Kindergartenbereich zu und vermuteten dort (aufgrund der vorherrschenden Kindorientierung, der Vernachlässigung schulischer Bildungsinhalte, der nichtakademischen Ausbildung der Erzieherinnen und Erzieher etc.) eine der zentralen Ursachen für das schlechte Abschneiden Deutschlands im internationalen Vergleich.

Nur vor diesem Hintergrund einer zunehmenden Politisierung und zugleich „Simplifizierung" der Problematik (differenzierte Argumente können bekanntlich in einem öffentlichen und politischen Willensbildungsprozess kaum wahrgenommen werden) wird verständlich, warum innerhalb von wenigen Jahren in allen Bundesländern Bildungs- und Erziehungspläne entwickelt und parlamentarisch verabschiedet wurden, die man noch kurz zuvor für den Kindergartenbereich als „zu verschult" und verfassungsrechtlich bedenklich abgelehnt hatte (siehe dazu ausführlich den Abschnitt „Bildungspläne" in Kap. II).

Parallel dazu erscheint jetzt eine Fülle von Literatur, die sich mit der Umsetzung von Bildungsinhalten in Kindertagesstätten (beispielhaft: Fthenakis, 2003; Laewen/Andres, 2002, Andres u. a., 2006) beschäftigt; zudem wurden durch Stiftungen und Verbände einige Projekte initiiert, die insbesondere die technischen und mathematischen Kompetenzen der Kinder im Kindergarten fördern und gleichzeitig die „Technikdistanz" der Mädchen überwinden helfen sollen, so z. B.:

- „Einstein in der Kita", im Rahmen des Wettbewerbs „Alle Talente fördern" von McKinsey in Projektträgerschaft des Jugendamtes der Landeshauptstadt Stuttgart, begleitet von Infans, Institut für angewandte Sozialisationsforschung, Berlin (siehe dazu: www.mckinsey-bildet.de/html/06_wettbewerb/projekt_einstein.php bzw. www.infans.de)
- „‚Es funktioniert?!' – Kinder in der Welt der Technik". Ein Kindergartenwettbewerb, koordiniert vom Bildungswerk der Bayerischen Wirtschaft (siehe dazu: www.kindergartenwettbewerb.de/; Bildungswerk der Bayerischen Wirtschaft, 2007)

Nüchtern betrachtet erscheinen Bildungspläne und Technikprojekte natürlich durchaus anerkennenswert und bieten in der Tat eine neue Perspektive auf die Bildungsfähigkeit von Kindern. Allerdings muss dabei auch auf die Gefahr hingewiesen werden, dass solche Bemühungen leicht dazu führen können, die in der Erziehungspraxis Stehenden, die sich anfänglich Verbesserungen erhoffen, schließlich erneut zu desillusionieren – dies zumal dann, wenn sie nicht mit entsprechenden strukturellen Verbesserungen (verbesserte Ausbildung, mehr Personal, geeigneteres Spiel- und Lernmaterial, spezifische Hilfen für benachteiligte Gruppen etc.) verbunden sind. Die Eile, mit der sowohl auf erziehungswissenschaftlicher wie auf politischer Seite gehandelt wurde, musste zu Schnellschüssen führen, die letztendlich ohne große Wirkung verpuffen und lediglich dazu dienen könnten, die Unfähigkeit der Politik zu einschneidenden bildungspolitischen Reformen zu verdecken.

Die Kindertagesstätten und der Markt

Eine durchgängige Umsetzung des Bildungsaspekts in Kindertageseinrichtungen würde natürlich – wie oben bereits angemerkt – einen viel höheren Aufwand an Beobachtung und Dokumentation der kindlichen Entwicklung, an Elterngesprächen, an Vorbereitung

der verschiedenen Aktivitäten etc. erfordern, als dies unter den derzeitigen Bedingungen leistbar ist. Die dargestellten Reformperspektiven im Kindergartenbereich wären daher glaubwürdiger, wenn sie auch durch entsprechende finanzielle Investitionen initiiert und begleitet würden. Was viele Beobachter sowie die Erzieherinnen und Erzieher hier skeptisch werden lässt, ist, dass im gleichen Atemzug mit der Forderung nach einer deutlichen Qualitätssteigerung die für den Kindergarten zur Verfügung gestellten öffentlichen Mittel im Rahmen von Budgets eingefroren und Eltern aufgefordert werden, einen Mehrbedarf privat zu begleichen und durch steuerliche Abschreibungen teilweise wieder zu kompensieren.
Insbesondere die neue Form der Bezuschussung von Kindergärten über den Betreuungsbedarf des einzelnen Kindes, die vermehrt an die Stelle der bisherigen Bezuschussung von Gruppen tritt, verlangt nun von den Einrichtungen, neben der konzeptionellen und strukturellen Qualität auch die ökonomische Perspektive permanent im Blick zu haben und das mit dieser Perspektive verbundene Risiko der Schließung von Gruppen oder gar ganzer Kindertagesstätten eingehen zu müssen. Zumindest aus Sicht des Trägers und der Leitung einer Einrichtung wird die Kindertagesstätte heute immer mehr zu einem Unternehmen, das sich am Markt bewähren und deshalb so „gemanaged" werden muss, dass die „Kunden" mehr als zufrieden mit der Einrichtung sind und dieser Sachverhalt auch in einem optimalen „Buchungsverhalten" zum Ausdruck kommt (siehe dazu ausführlich den Abschnitt „Pro-Kopf-Förderung" in Kap. II).

Gesteigerte Erwartungen an die Kindertagesstätten

Gute Kindertageseinrichtungen haben sich schon immer vor allem daran messen lassen, inwiefern sie den Erwartungen ihrer Interessenpartner gerecht werden können. Was jetzt unter Umständen eine deutliche Steigerung dieser Erwartungen bewirken kann, ist – und dessen müssen sich Träger, Kindergartenleitung sowie Erzieherinnen und Erzieher bewusst sein – ein gesellschaftliches Klima, das weniger auf Ausgleich und Integration, als vielmehr auf Zuspitzung und Exklusion ausgerichtet ist. Vor diesem Hintergrund muss es den Einrichtungen gelingen, sich den verschiedenen Erwartungen zu stellen – aber nicht,

um ihnen sofort zu entsprechen, sondern, um sie zu kommunizieren, auszutarieren und in ein Gesamtkonzept zu integrieren. Denn die Erwartungen der einzelnen Beteiligten sind nicht immer kongruent, sondern schon allein seitens der Kinder und Eltern teilweise konträr. Daher gilt es, Widersprüche auszuhalten und Spannungen aufzulösen. „Kommunikation" lautet jetzt das Zauberwort, mit dem es gelingen muss, die verschiedenen „Parteien" an einen Tisch zu bringen!

Die Erwartungen der Kinder

Angesichts aller Erwartungen von außen muss ein pädagogisches Arrangement vor allem gewährleisten, dass den unmittelbaren Bedürfnissen eines jeden Kindes nach Schutz, Anerkennung, emotionaler Nähe etc. – kurz gesagt: nach dem „Sich wohl Fühlen" Rechnung getragen wird. Kinder haben, wie Janusz Korczak das einmal formuliert hat, ein „Recht auf den heutigen Tag". Gleichzeitig wollen Kinder zunehmend selbstständig werden, sich entscheiden und abgrenzen können. Und sie wollen die Realität erleben und ihre Umwelt aktiv erforschen, Neues erfahren und sich vielfältige Kompetenzen aneignen (können), die der Mensch als Erwachsener braucht, um berufsfähig zu werden. Allerdings werden hier auch schnell die Grenzen der individuellen Entwicklung sichtbar, die der Kindergarten zu respektieren hat. Nicht jedes Kind kann „Einstein" werden, und nicht alle Kinder eignen sich für das Gleiche. Insofern müssen sie auch vor allzu hohen Erwartungen der Eltern bzw. der Gesellschaft geschützt werden!

Die Erwartungen der Eltern

Die Erwartungen der Eltern an Kindertagesstätten decken sich nur teilweise mit denen ihrer Kinder. Eltern erwarten zunächst vor allem ein Angebot angemessener Betreuungszeiten, damit sie ihr Kind bei Bedarf sicher und kindgerecht versorgt wissen. Gleichzeitig soll das Kind in seiner individuellen Entwicklung unterstützt und gefördert werden, und dies möglichst so, dass es den zukünftigen Anforderungen (insbesondere zunächst der Schule) optimal gerecht werden kann. Insofern werden die derzeit diskutierten Bildungspläne von den Eltern sicher auf der einen Seite als sehr positiv und mit großen Erwartungen wahrgenommen. Auf der anderen Seite aber gibt es auch Eltern, die einer unmittelbaren „Funktionalisierung" der Kinder skeptisch gegenüberstehen, und solche, die offen für eine deutliche „Verschulung" des Kindergartens eintreten. Aber das zeigt nur, dass die Erwartungen auch innerhalb der Elternschaft sehr unterschiedlich sein können und dass es oftmals nicht einfach ist, allen Wünschen angemessen Rechnung zu tragen.

Die Erwartungen des Trägers

Die Träger im Bereich der Kindertageseinrichtungen sind zurzeit noch vorwiegend kommunal oder gemeinnützig. In beiden Fällen möchten sie zuvorderst ihre konzeptionelle Orientierung einbringen, um Eltern die Möglichkeit der richtigen Wahl „ihres" Kindergartens zu geben. Zugleich erwarten sie sich aber natürlich auch „Erfolge" ihrer Einrichtung, ein positives „Image" und eine ausgeglichene Bilanz. Alle drei Ziele werden in Zukunft deutlich schwieriger zu erreichen sein, da der „Markt" die Teilnehmer noch stärker als bisher dazu zwingt, sich den verändernden Bedingungen anzupassen und mit Sicherheit auch „Verlierer" erzeugen wird – mit allen Folgen für die jeweils Beteiligten. Zudem kommen zunehmend private Anbieter auf den Markt, die sich an den wohlhabenderen Eltern der oberen Mittel- und der Oberschicht orientieren und damit das „soziale Gleichgewicht“ in den klassischen Einrichtungen verändern.

Die Erwartungen der Kommune bzw. des Landkreises

Kommunen und Landkreise haben den Anspruch der Eltern auf einen Kindergartenplatz zu garantieren und gleichzeitig die gute Qualität aller von ihnen genehmigter und bezuschusster Einrichtungen zu sichern. Als Gesamtverantwortliche im Sinne des KJHG werden sie in Zukunft den Wettbewerb der Einrichtungen durch Rahmenvorgaben gestalten müssen. Die Kontrolle der „Wirksamkeit“ des Mitteleinsatzes und die Einhaltung von Qualitätsmindeststandards seitens der Einrichtung wird dabei – ähnlich wie im Pflegebereich zu beobachten – eine der vordringlichsten Aufgaben werden.

Die Erwartungen der Politik, der Öffentlichkeit und der Steuerzahler

Die Erwartungen dieser Interessenspartner werden sicher noch weiter zunehmen. Sie wünschen sich eine optimale Produkt-, Dienstleistungs-, Prozess- und Ergebnisqualität bei gleichzeitig bezahlbarem Preis und einer Wahrung der bisherigen sozialen Standards, wie z. B. der Sicherung des Zugangs von Kindern aller Schichten zu den besten Einrichtungen etc. Auf Dauer werden die Leistungen der verschiedenen Einrichtungen in Tages- und Wochenzeitungen miteinander verglichen (d. h. „gerankt“) werden, und die Kommunen werden sich dann darin messen lassen müssen, welche von ihnen am „kinderfreundlichsten“ ist. Mithilfe von Gütesiegeln und externen Audits werden die Einrichtungen ihre Leistungsfähigkeit ständig neu unter Beweis stellen müssen (siehe dazu ausführlicher den Abschnitt „Neue Steuerung“ in Kap. II).

Unternehmen Kita – was kommt auf die Einrichtungen zu?

Alle dargestellten Entwicklungen verändern die Situation jeder einzelnen Einrichtung auf jeweils unterschiedliche Weise. Sicher ist nur, dass es keine klaren Orientierungen und eindeutigen Vorgaben mehr für das Management gibt. Jede einzelne Einrichtung muss nun ihre Umwelt noch stärker beobachten, als sie dies bisher schon getan hat; sie muss wahrnehmen, was dort vorgeht und ob andere Einrichtungen etwas besser, billiger, aufwändiger, erfolgreicher etc. machen. Damit werden die Verantwortlichen in eine zwiespältige Position gezwungen: Sie müssen als Marktteilnehmer denken, obwohl es keinen wirklich „freien" Markt gibt, als Konkurrent auftreten, obwohl man mit der Nachbareinrichtung ein gutes Verhältnis anstrebt, und auf die Kosten achten, obwohl doch die Kinder im Mittelpunkt stehen sollten.

Kindertagesstätten müssen – ob sie wollen oder nicht – zu eigenständigen Unternehmen werden, die sich vor dem Hintergrund ihrer spezifischen Ausrichtung am Markt orientieren und dann optimal positionieren können.

Dazu müssen Kosten genauestens kontrolliert und im Zweifelsfall begründet an die Eltern weitergegeben werden. Dazu muss das Team optimal geführt und die Motivation aller auf einem hohen Niveau erhalten werden. Ähnlich wie in der Wirtschaft werden sich Einrichtungen mit vergleichbaren Trägerschaften zusammenschließen, um insbesondere im Bereich der Personalentwicklung und der Kosten Synergieeffekte zu erzielen. Kreativität bei der Bewältigung der neuen Herausforderungen wird entstehen, aber auch ein zunehmender Druck auf alle Beteiligten.

Zusätzlich werden die Einrichtungen versuchen, eigene Profile zu entwickeln. Alle möglichen Angebote sind jetzt denkbar und werden auch „laufen“, wenn sie zur richtigen Zeit am richtigen Ort angeboten werden.

Kita-Formen in der Stadt Langenfeld (Nordrhein-Westfalen)

- Regelgruppe (auch als „Kindergartengruppe“ bezeichnet)
- Regelgruppe mit Blocköffnungszeit
- Tagesstättengruppen:
  Integrative Gruppe
  Altersgemischte Gruppen:
  a) kleine altersgemischte Gruppe
  b) große altersgemischte Gruppe
- Hortgruppen

(aus: www.langenfeld.de/)

Träger, Kindergartenleitung und -team als Unternehmer

Alle Beteiligten müssen sich nun auf ihre neue Rolle als Unternehmer einstellen. Dabei ist es die Aufgabe des Trägers, das Unternehmen via Leitbild und Unternehmenskultur zu führen und insbesondere die finanziellen Bedingungen zu schaffen, die ein Überleben sichern. Die Leitung entwickelt dazu die passenden Strategien und Zukunftsperspektiven für die Einrichtung, sie führt und motiviert das Team und baut eine effiziente Organisationsstruktur auf. Zudem behält sie die Kosten im Blick und sucht ständig nach Einsparmöglichkeiten. Das Team schließlich setzt die Vorgaben und Strategien auf der Arbeitsebene motiviert um. Es entwickelt Teamgeist als Basis für hohe fachliche Qualität, evaluiert die eigenen Leistungen selbstkritisch und verbessert die Leistungserbringung kontinuierlich weiter (siehe dazu ausführlich Kap. III).

Alle Verantwortlichen müssen lernen, neu zu denken. War die klassische soziale Einrichtung „Kindergarten“ in früheren Zeiten ein von altruistischen Motiven getragenes Unterfangen nach dem Motto „Wir sind für die Kinder da!“, so reicht das heute für die Aufrechterhaltung einer sehr guten Qualität nicht mehr aus. Zum sozialpädagogischen Motiv muss jetzt der unbedingte Wille hinzukommen, die Einrichtung auf einem hohen Qualitätsniveau ständig weiterzuentwickeln. Wünsche und Anregungen der Eltern, Anforderungen vonseiten der Kommune, Erwartungen vonseiten der Öffentlichkeit etc. müssen vor dem Hintergrund eines entwickelten Selbstbewusstseins zur Kenntnis genommen und zum Ausgangspunkt von Weiterentwicklungen gemacht werden. Zurückhaltung und Bescheidenheit müssen jetzt durch ein selbstsicheres Auftreten und die Überzeugung ersetzt werden, dass man den Herausforderungen schon gerecht werden wird. Selbstvertrauen auf der Basis der Bereitschaft zum ständigen Lernen ist jetzt gefragt! Organisation und Leitung müssen dazu beitragen, dass die Arbeit auf einem qualitativ hohen Niveau erfolgt – und vielleicht sogar Spaß macht!

II. Neue Steuerung, Pro-Kopf-Förderung, Bildungspläne – was steckt dahinter?

Betrachtet man die jüngsten Entwicklungen im Bereich der Kindertagesstätten, so lassen sich vor allem drei Einflussfaktoren erkennen, welche die bisherige Situation gravierend verändern:

1. Die Bemühungen der Kommunen, die Kindergartenbedarfsplanung und die administrative Steuerung der einzelnen Einrichtungen aufgrund gesetzlicher Veränderungen mit „neuen Steuerungsmethoden" durchzuführen.
2. Die Maßnahmen zur Stärkung der Kundenposition der Elternschaft auf der Grundlage veränderter Formen bei der Bezuschussung und Finanzierung der Kindergartenplätze.
3. Die Einführung von länderspezifischen Bildungsplänen zur Optimierung der Prozess- und Ergebnisqualität der pädagogischen Arbeit.

Alle drei genannten Entwicklungen werden in diesem Kapitel dargestellt und hinsichtlich ihrer Auswirkungen auf die Kindertagesstätten diskutiert.

Neue Steuerung

Die Kommune plant und steuert – die Anbieter erbringen die Leistung

Die Grundannahmen, von denen alle Bestrebungen für eine wirtschaftliche Steuerung und Führung der öffentlichen Verwaltung ausgehen, wurden vor allem von der Kommunalen Gemeinschaftsstelle für Verwaltungsmanagement (KGST; siehe www.kgst.de), einem von Städten, Gemeinden und Kreisen getragenen Entwicklungszentrum des kommunalen Managements entworfen und lassen sich derzeit wie folgt zusammenfassen:

- Effizienz- und Steuerungsdefizite in der Verwaltung und in der Organisationsstruktur der Wohlfahrtsverbände und freigemeinnützigen Träger werden als der entscheidende Ansatzpunkt für die Konsolidierung staatlicher und kommunaler Ausgaben im Sozialbereich angesehen.

- Mithilfe betriebswirtschaftlicher und unternehmensbezogener Managementkonzepte soll in den sozialen Dienstleistungsbereichen (Gesundheit, Soziales, Bildung, Umwelt) ein nachhaltiger Qualitätssteigerungs-, Modernisierungs- und Rationalisierungserfolg erreicht werden.
- Die Einführung marktförmiger Koordinierungs- und Steuerungsinstrumente in Verbindung mit einer besseren Kunden- und Bedarfsorientierung soll die Effizienz und Effektivität der sozialen Dienstleister und der öffentlichen Verwaltung steigern.

Im Rahmen dieser Argumentation steuert die Kommune mit „neuen" Instrumenten: In der Verwaltung selbst werden Unternehmensziele festgelegt, Produktpaletten vereinbart und Leistungsaufträge an die verschiedenen Anbieter erteilt. Diese Leistungsanbieter schließen mit der Verwaltung Verträge, in denen sie die Erbringung bestimmter Leistungen und das Erreichen vorgegebener Ziele zusagen. Die Einhaltung dieser Kontrakte wird dann wiederum von der Verwaltung mithilfe von Controlling-Maßnahmen überprüft. Die Steuerung erfolgt jetzt „output-orientiert", d. h., sie erfolgt somit nicht mehr über Geld und über Zuschüsse, wie in vergangenen Zeiten, sondern über die zu erbringende, möglichst messbare Leistung.

Contracting und Controlling als neue Steuerungsinstrumente

Während also in den Kommunen die Ziele und Budgets festgelegt werden, muss im Rahmen der Output-Steuerung sichergestellt werden, dass zwischen Zuschussgebern und Zuschussnehmern Verhandlungen über die Leistungsziele, d. h. über die Quantität und Qualität der Aufgabenerfüllung, stattfinden. Diese orientieren sich an den Aufgabenstellungen, dem Ressourceneinsatz, den entsprechenden Kosten und dem Grad der angestrebten Leistungserfüllung. Schließlich werden Vereinbarungen zwischen Kommune und Einrichtung geschlossen (contracting), in denen die Auftragnehmer auf die Zielerreichung hin verpflichtet werden.

Damit wird die Orientierung an den gesetzten Zielen und erreichten Ergebnissen zum prägendsten Merkmal der output-orientierten Steuerung. Konkrete Leistungs- und Finanzziele bilden die Grundlage für die Planung, die Durchführung und die Überwachung (controlling) der Aufgabenerfüllung. Die angeblichen Lücken und Defizite der input-orientierten Steuerung mit ihrer indirekten Lenkung der Aufgabenerfüllung über die Zuteilung der Ressourcen (z. B. durch Personalaufstockung oder Mittelkürzung) werden damit geschlossen. Output-Steuerung setzt voraus, dass Produktdefinitionen erarbeitet werden. Durch Produkte wird das Leistungsangebot einer Einrichtung konkretisiert und präsentiert. Sie sind das Ergebnis der Entscheidungen über die Ressourcenverwendung, die auf der Basis von Planung und unter Beachtung der Zielsetzungen sowie unter Berücksichtigung von Alternativen erfolgen.

Übertragen auf den Bereich der Kindertagesstätten heißt das, dass die Kommunen planerisch Vorsorge treffen, dass alle Kinder, die ein Anrecht auf einen Platz in einer Einrichtung haben, diesen auch bekommen. Dazu schließt die einzelne Kommune mit den vorhandenen Trägern schriftliche Vereinbarungen. Voraussetzung dafür, dass das gelingt, sind Produktbeschreibungen (z. B. 5-Stunden-Platz, 8- oder mehr-Stunden-Platz, zusätzliche Förderung etc.) als wesentliches Steuerungsinstrument. Sie geben dann im Rahmen von konkreten Leistungsvereinbarungen Auskunft darüber, welche Ziele mit dem Produkt (d. h. dem Kindergartenplatz) verfolgt werden, welche Qualitätsstandards unerlässlich sind, welcher Ressourceneinsatz für die erforderlichen Leistungen bereitsteht und mit welchen Indikatoren der Erfolg zu bewerten ist.

Im Rahmen der Entwicklung von Qualitätsmanagement-Verfahren werden die Träger dann gezwungen, das gesamte Leistungsspektrum sowie die erforderlichen Prozesse und Strukturen konsequent auf den Nutzen der Leistungsberechtigten hin auszurichten und eine hohe Effizienz zu gewährleisten. Im Rahmen von Controlling und Berichtswesen, verbunden mit einem „rollierenden Kontraktmanagement“ (z. B. im Fall von Kindern mit Behinderung), in dem einerseits die wesentlichen Ziele vereinbart werden und ihre Erreichung beobachtet wird, und andererseits die Verantwortlichen möglichst viel Initiativ- und Gestaltungsfreiheit haben, werden die Anbieter der Einrichtungen regelmäßig auf die Einhaltung der vertraglichen Regelungen hin überprüft.

Mögliche Folgen für kommunale Kindertagesstätten

In den letzten 20 Jahren ist den Verantwortlichen in den Kommunen und Landkreisen immer deutlicher geworden, dass die primäre Funktion der öffentlichen Verwaltung wohl Steuerung, nicht aber die Erbringung der Aufgaben und Leistungen ist. Insbesondere die Kommunale Gemeinschaftsstelle für Verwaltungsmanagement (KGST; siehe www.kgst.de) hat ihren Mitgliedern deshalb empfohlen, aus Kosten- und Vereinfachungsgründen die Stadtverwaltungen nach dem Muster einer Holding-Gesellschaft zu strukturieren. Ähnlich, wie dies bereits mit den städtischen Wasserwerken oder der Müllabfuhr geschehen ist, könnte dies auch für die kommunalen Kindertagesstätten bedeuten, dass sie zunehmend in Eigenbetriebe (public businesses) „outgesourct“ werden (siehe dazu: www.kommunaler-wettbewerb.de/pbo/100.html).

Damit erhoffen sich die Kommunen eine Stärkung ihrer Position als Steuerungsinstanzen, denn jetzt können sie den „Wettbewerb“ der verschiedenen Anbieter frei gestalten, ohne selbst daran teilnehmen zu müssen. Städte wie Offenbach oder Bremen sind diesen Weg bereits gegangen, einen Weg, der auf den ersten Blick aus steuerungspolitischen Gründen einsichtig, auf den zweiten Blick aber auch bedenklich erscheint, wenn man weiß, dass die Mitarbeiterinnen und Mitarbeiter in solchen Betrieben häufig zu niedrigeren Tarifen als im öffentlichen Dienst beschäftigt werden, Arbeitsplatzgarantien verlieren etc.

Die Folgen für die Kommunen sind einerseits vorteilhaft, denn auf diese Weise werden diese von den Aufgaben eines Trägers entlastet. Zugleich entfällt das Vorhalten von Gebäuden und Personal, und das unternehmerische Risi-

ko wird auf die Eigenbetriebe verlagert. Andererseits jedoch müssen die Kommunen jetzt Bewertungsmaßstäbe für die zu erbringenden Leistungen entwickeln, sie benötigen Personal und Know-how für die Überprüfung der Leistungserbringung durch die Anbieter.

Wie sich solche Überlegungen in der Praxis umsetzen lassen, kann auf der Homepage www.kommunaler-wettbewerb.de jeweils aktuell nachgelesen werden. Diese Internetseite ist das Ergebnis eines Projekts innerhalb des deutschen Netzwerks „Kommunen der Zukunft", einer 1998 von der Hans-Böckler-Stiftung, der Bertelsmann-Stiftung und der KGST ins Leben gerufenen Organisation, die es Gemeinden, Städten und Kreisen in der Bundesrepublik ermöglicht, ihre Erfahrungen mit Ansätzen der Verwaltungsmodernisierung auszutauschen und sich gegenseitig zu unterstützen.

Der Umgang mit Konkurrenz wird erforderlich

Während bislang im Verhältnis verschiedener Kindertagesstätten untereinander die Kooperation überwog, tritt nun zunehmend Konkurrenz auf.

> „Diese sich abzeichnende Entwicklung [der Rückgang der Kinderzahlen; d. Verf.] wird vor allem in größeren Gemeinden und Städten Westdeutschlands zu einer zunehmenden Konkurrenz der Kindertagesstätten miteinander um die Kinder sowie der Erzieher/innen untereinander um die verbleibenden Stellen führen."
>
> (aus: www.kindergartenpaedagogik.de/365.html)

Einrichtungen müssen sich jetzt nicht nur den Eltern gegenüber profilieren, sondern sich auch gegenüber „Mitkonkurrenten" am Markt durchsetzen. Dadurch wird insbesondere die Aufgabe des Managements schwieriger: Auf kommunaler bzw. Landkreis-Ebene muss die Einrichtung zusammen mit den anderen Kindertagesstätten dazu beitragen, den Gesamtbedarf zu decken, auf der inter-organisationalen Ebene gilt es dagegen, sich durch Profil und Qualität gegenüber den anderen abzusetzen bzw. zu behaupten. Dies kann dazu führen, dass die Gemeinsamkeiten zwischen den Einrichtungen schwinden und auf Dauer eine Kluft zwischen den sehr guten bzw. guten und den mäßigen bzw. schwachen Einrichtungen entsteht.

Wenn im Bereich der Kindertagesstätten Marktkräfte wirken, dann wird das im Übrigen auch aus einem anderen Grund nicht in allen Fällen zu einer Verbesserung der Angebotsqualität beitragen. Denn Einrichtungen, die um ihr Überleben kämpfen müssen, werden sich unter Umständen dazu gezwungen fühlen, ihre Leistungen zu reduzieren oder sie in einem Licht darzustellen, das nicht den Tatsachen entspricht. Treten gar Betreuungsmängel auf, dann könnte dies nicht nur zu einem Ansehensverlust der einzelnen Einrichtung, sondern der ganzen Branche führen.

Qualität muss nachgewiesen werden

Für die Eltern, die für ihre Kinder heute einen geeigneten Platz in einer Kindertagesstätte suchen, könnte es deshalb schwieriger wer-

den, das Angebot zu durchschauen und sich bewusst für eine bestimmte Einrichtung zu entscheiden. Die Konsequenz daraus für die Kindergärten ist, dass sie sich nach außen hin nicht nur als sehr gute, sondern auch als vertrauenswürdige Einrichtungen präsentieren müssen. Dabei sind sie auf externe Begutachter angewiesen. Dies können die Eltern sein, die der Einrichtung ein gutes Zeugnis ausstellen, die lokale Öffentlichkeit, die von der Qualität überzeugt ist, etc.

Da solche Einschätzungen aber nicht wirklich verlässlich sind, wird den Kommunen bzw. Landkreisen und den Kindergärten mittelfristig gar nichts anderes übrig bleiben, als sich über externe Gutachten die gewünschte Qualität bescheinigen zu lassen – entweder in Form von wissenschaftlich gesicherten Qualitätsmessverfahren (1), von Gütesiegeln (2) oder durch fachliche Akkreditierungen (3):

(1) Qualitätsmess- bzw. -beurteilungsverfahren auf wissenschaftlicher Grundlage dienen oftmals der Standortbestimmung und als Einstiegshilfe in weiterführende Entwicklungsprojekte. Sie ermöglichen den Einrichtungen vor allem auch zu zeigen, dass man sich externen oder internen Begutachtungsverfahren stellt und dass man bereit ist, die festgestellten Mängel umgehend zu beheben. Mess- und Beurteilungsverfahren unterscheiden sich nach der Objektivität ihrer Prüfkriterien. Wichtige Messverfahren im Kindertagesstättenbereich sind vor allem:

- Die Kindergarten-Einschätz-Skala (KES-R), die es erlaubt, vor dem Hintergrund von 37 unterschiedlichen Perspektiven (sog. „Items") die pädagogische Prozessqualität nach sieben Kategorien (nämlich von „unzureichend" bis „ausgezeichnet") zu bewerten. Für den Krippenbereich liegt mit KRIPS-R ein ähnlich aufgebautes Instrument vor.
- Die „Dimensionen und Indikatoren von Qualität" des Kronberger Kreises für Qualitätsentwicklung in Kindertageseinrichtungen (1998), die man dazu benutzen kann, Teilaspekte oder die Gesamtqualität der eigenen Einrichtung zu bewerten und daraus Veränderungsbedarf abzuleiten. Im Gegensatz zur KES gibt es hier kein standardisiertes Bewertungsverfahren. Ein ähnlich offenes Verfahren der Qualitätsentwicklung bieten Kokigei u. a. 2003.

(2) Gütesiegel basieren auf vorgegebenen, meist weitgehend objektivierten Standards, die eine Einrichtung gegenüber den Vertretern der jeweiligen Agentur nachzuweisen hat. Meist beziehen sie sich auf Teilaspekte einer Einrichtung, wie z. B. Gesundheit, Nachhaltigkeit etc., teilweise umfassen sie aber auch die Gesamtqualität.

- Wichtige Gütesiegel sind vor allem die Zertifizierungen durch Qualitätsmanagementsysteme, wie z. B. die ISO 9000:2000 oder das EFQM. Sie bestätigen dem „Kunden", dass sich die Einrichtung an dessen Erfordernissen orientiert und die Standards eines guten Managementsystems einhält.
- Ein internes „KTK-Gütesiegel" für katholische Kindergärten hat der Bundesverband katholischer Kindertagesstätten entwickelt. Einrichtungen, die dieses Gütesiegel erwerben wollen, müssen verschiedene Qualitätsanforderungen, Praxisindikatoren

und Nachweismöglichkeiten innerhalb von insgesamt neun Qualitätsbereichen erfüllen (siehe dazu: www.ktk-bundesverband.de/11689.html).
- Ein ähnliches Siegel, den „blauen Elefanten", gibt es für Kinderschutzzentren unter der Trägerschaft des Deutschen Kinderschutzbundes (DKSB) (siehe dazu: www.dksb.de).

Bei solchen Gütesiegeln gilt es allerdings zu bedenken, dass deren Qualität sehr stark davon abhängt, ob die jeweiligen Gütekriterien auch tatsächlich klar genug erkennbar (valide) sind und nicht allein der Willkür der Beobachter unterliegen. Bei ISO- und EFQM-Zertifizierungen muss zudem darauf geachtet werden, dass im Verfahren den komplexen Anforderungen pädagogischer Prozesse Rechnung getragen wird.

(3) Akkreditierungsverfahren dienen dazu, die inhaltliche und organisationale Qualität von Kita-Angeboten zu gewährleisten. Dabei wird die Qualität einer Einrichtung hinsichtlich ihres Konzepts, ihrer Ziele, ihres Dienstleistungsangebots, ihres pädagogischen Angebots, ihrer Ausstattung etc. von Experten auf dem Gebiet der Pädagogik und der Berufspraxis überprüft. Überzeugt eine Einrichtung auf ganzer Linie, so spricht die Akkreditierungskommission ein entsprechendes Urteil aus. Der Ablauf eines Akkreditierungsverfahrens ist folgender:

- Die Einrichtung erstellt einen „self-report" in Form einer ausführlichen Selbstbeschreibung und einer detaillierten Darstellung der Umsetzung ihres Programms etc.
- Ein Gutachtergremium, bestehend z. B. aus einem Pädagogen, je einem Repräsentanten der Einrichtungsleitung und des Teams sowie einem Elternvertreter, nimmt den Report zur Kenntnis, besichtigt die Kindertagesstätte und führt Gespräche mit allen Ebenen der Organisation (Träger, Leitung, Mitarbeiter etc.).
- Auf der Grundlage dieser Daten wird dann ein Gutachten verfasst und ein Ergebnis vorformuliert.
- Die Akkreditierungskommission (d. h. eine höhere Instanz) entscheidet dann über das endgültige Ergebnis (Akkreditierung mit oder ohne Auflagen, keine Akkreditierung).

Der Vorteil dieses Verfahrens ist, dass man nicht mit engen objektiven Maßstäben an die Einrichtung herantritt, sondern den Gutachtern die Freiheit lässt, das Vorhandene auf der Grundlage ihres Expertenwissens einzuschätzen und zu bewerten. Auf diese Weise erhofft man sich, den einzelnen Einrichtungen gerechter werden zu können. Insbesondere aufgrund der Tatsache, dass Bildungspläne und kommunale Vorgaben sehr unklare Angaben bezüglich der konkreten Umsetzung machen, könnte ein solches Verfahren den Kommunen dazu dienen, die „Förderfähigkeit" der jeweiligen Einrichtungen prüfen zu lassen.

Ein solches Akkreditierungssystem gibt es z. B. in Australien bereits seit dem 1.1.1994. Es ist für alle Kindertagesstätten verpflichtend. Staatliche Fördermittel werden seit der Einführung nur noch dann ausgezahlt, wenn die Einrichtung akkreditiert ist oder sich gerade dem Akkreditierungsprozess unterzieht (siehe dazu: www.ncac.gov.au).

Pro-Kopf-Förderung

Festlegung von Entgeltvereinbarungen – was ist neu daran?

Viele Jahre hindurch haben Bund und Kommunen vor allem im sozialen Bereich pauschale Zuwendungen und Zuschüsse gegeben. In der Regel wurde der Träger einer Kindertagesstätte finanziell unterstützt, wenn er nachweisen konnte, dass die rechtliche Genehmigung vorlag und eine ausreichende Gruppenstärke (meistens ein Minimum von 15 Kindern) vorhanden war. Der staatliche Zuschuss setzte sich dabei aus drei Anteilen zusammen: der Bezuschussung durch das jeweilige Bundesland, der Bezuschussung durch den Landkreis bzw. die Kommune sowie dem Eigenanteil der Eltern bzw. des Trägers.

Eine Folge dieser Form der „Input-Steuerung" (d. h. also einer Förderung von Kindergartengruppen, soweit eine Mindestanzahl an Kindern nachgewiesen werden kann) war, dass die Zahl der Gruppen schwankte, dass es Kindergärten mit niedrigen und solche mit hohen Kinderzahlen gab – je nachdem, wie ein Träger kalkulierte und wie viel Geld durch Elternbeiträge oder sonstige Zuwendungen (Spenden, Sponsoring etc.) erwirtschaftet werden konnte. Auf diese Weise schwankte auch der von Bundesland und Kommune bzw. Landkreis zu erbringende Zuschussbetrag und entzog sich deshalb zunehmend dem Steuerungsvermögen der zuständigen Minister und Bürgermeister bzw. Landräte.

Diese Situation führte angesichts zunehmend knapper werdender Gelder im sozialen Bereich zu intensiven Überlegungen auf politischer Ebene, wie die Mittel besser eingesetzt und begründet werden könnten. Dabei spielten drei Argumente eine wichtige Rolle:

1. Aufgrund der Leistungsorientierung des KJHG, die sich auf das einzelne Kind bzw. dessen Eltern bezieht, kann es nicht weiter statthaft sein, die einzelne Kindergartengruppe pauschal zu bezuschussen. Denn nicht sie ist der eigentliche Adressat der Kinder- und Jugendhilfe, sondern die Eltern, die im Sinne des Gesetzes als Leistungsberechtigte gelten.
2. Da Familien einen unterschiedlichen Bildungs-, Erziehungs- und Betreuungsbedarf für ihre Kinder haben, muss die staatliche Bezuschussung flexibel genug sein, um diesen unterschiedlichsten Anforderungen auch Rechnung tragen zu können.

3. Da die Ausgaben insbesondere der Bundesländer nicht uferlos werden dürfen, kann der staatliche Zuschuss pro Kind und Kategorie nicht konkret festgelegt werden, sondern muss von einem im Rahmen des Gesamtbudgets entwickelten Basissatz abhängig gemacht werden.

In der Konsequenz soll damit – im Rahmen eines Gesamtbudgets – für jedes Kind diejenige finanzielle Förderung bereitgestellt werden, die erforderlich ist, um die jeweils angemessenste Form der Bildung, Erziehung und Betreuung in einer Kindertagesstätte zu gewährleisten.

Wie im Einzelnen bezuschusst wird, ist von Bundesland zu Bundesland verschieden. Zwei Beispiele sollen hier exemplarisch herangezogen werden, um die Logik dieser Finanzierung zu erläutern:

(1) Für Bayern sind die Fördervoraussetzungen für Kindertageseinrichtungen inzwischen gesetzlich geregelt. Demnach müssen die Einrichtungen eine Betreuung über mindestens vier Tage und 20 Stunden pro Woche vorhalten, wobei die Eltern Betreuungszeiten zwischen vier und acht oder mehr Stunden wählen können. Der jährliche staatliche Förderbetrag eines Kindes errechnet sich aus dem Produkt aus Basiswert, Buchungszeit und Gewichtungsfaktor.

Basiswert:

„Der einheitlich festgelegte und dynamisierte Basiswert wird für eine Buchung von über 3 bis 4 Stunden geleistet. Der Basiswert für das Kindergartenjahr 2005/2006 beträgt 768,71 Euro. Er wird jährlich durch das Bayerische Staatsministerium für Arbeit und Sozialordnung, Familie und Frauen anhand der Entwicklung der Personalkosten angepasst und bekannt gegeben. Durch Multiplikation mit dem Buchungszeit- bzw. Gewichtungsfaktor verändert sich der Förderbetrag."

Buchungszeit und Buchungszeitfaktor (§ 19 AVBayKiBiG):

1. für Kinder unter drei Jahren und Schulkinder:
   - 0,5 für eine Buchungszeit von mehr als einer bis einschließlich zwei Stunden
   - 0,75 für eine Buchungszeit von mehr als zwei bis einschließlich drei Stunden
2. für alle Kinder:
   - 1,25 für eine Buchungszeit von mehr als vier bis einschließlich fünf Stunden
   - 1,50 für eine Buchungszeit von mehr als fünf bis einschließlich sechs Stunden
   - 1,75 für eine Buchungszeit von mehr als sechs bis einschließlich sieben Stunden

- 2,00 für eine Buchungszeit von mehr als sieben bis einschließlich acht Stunden
- 2,25 für eine Buchungszeit von mehr als acht bis einschließlich neun Stunden
- 2,50 für eine Buchungszeit von mehr als neun Stunden

Gewichtungsfaktor:

Die Gewichtungsfaktoren wurden eingeführt, um dem erhöhten Betreuungsaufwand für integrative Betreuungsaufgaben sowie für den Mehraufwand durch die Betreuung von Kindern bestimmter Altersgruppen gerecht zu werden. Es werden folgende Gewichtungsfaktoren zugrunde gelegt:

- 1,3 für Kinder mit nicht deutschsprachiger Herkunft
- 4,5 + x für Kinder mit (drohender) Behinderung
- 2,0 für Kinder unter drei Jahren
- 1,0 für Kinder von drei Jahren bis zum Schuleintritt
- 1,2 für Kinder ab dem Schuleintritt
- Es gilt stets der höchste Gewichtungsfaktor. Für Kinder in Tagespflege gilt einheitlich der Faktor 1,3.

(aus: www.stmas.bayern.de/kinderbetreuung/baykibig/foerderung.htm)

Aufgrund dieser Vorgaben lassen sich jetzt vielfältige Berechnungen anstellen: So kann etwa berechnet werden, welche Mindestgesamtbuchungszeit eine Kindertagesstätte braucht, um „überleben" zu können, wie hoch Elternbeiträge sein müssen, um Defizite ausgleichen zu können, was eine Betreuungsstunde im Durchschnitt kostet etc. (siehe dazu das Beispiel 2 in Kap. V).

(2) In der Hansestadt Hamburg wurde im Jahr 2003 die KiTa-Card eingeführt. Um einen Platz in einer Kindertagesstätte zu erhalten, beantragen die Eltern beim zuständigen Jugendamt einen Kita-Gutschein, mit dem sie – falls genügend Plätze vorhanden sind – aus allen in Hamburg existierenden Kindertagesstätten eine auswählen und dort den Gutschein einlösen können. Wird der Gutschein bewilligt, hat jedes Kind ab einem Alter von drei Jahren einen Anspruch auf fünf Stunden Betreuung, inklusive Mittagessen. Die Betreuungsansprüche von jüngeren oder älteren Kindern werden einer individuellen Bedarfsprüfung nach einem festgelegten Kriterienkatalog unterzogen. Eltern können mit dieser KiTa-Card zur Einrichtung ihrer Wahl gehen und gegebenenfalls einen Betreuungsvertrag mit der Einrichtung bzw. dem Träger schließen. Die Kindertageseinrichtungen reichen die KiTa-Cards bei der Stadt ein und erhalten damit die öffent-

lichen Zuschüsse. Für sie bedeutet dies, dass sie nicht mehr pauschal bezuschusst werden, sondern nur durch die Weitergabe des eingelösten KiTa-Gutscheins an das Jugendamt.

Krippe Kinder von 0 bis unter 3 Jahren	**Elementar** Kinder ab 3 Jahren bis zur Einschulung	**Hort** Schulkinder (bis zum vollendeten 14. Lebensjahr)
Krippe **4** Stunden (ab 2006)	Elementar **4** Stunden **ohne** Mittagessen	Hort **2** Stunden **mit** Mittagessen
Krippe **6** Stunden **mit** Mittagessen	Elementar **5** Stunden **ohne** Mittagessen	Hort **3** Stunden **mit** Mittagessen
Krippe **8** Stunden **mit** Mittagessen	Elementar **5** Stunden **mit** Mittagessen	Hort **5** Stunden **mit** Mittagessen
Krippe **10** Stunden **mit** Mittagessen	Elementar **6** Stunden **mit** Mittagessen	Hort **7** Stunden **mit** Mittagessen
Krippe **12** Stunden **mit** Mittagessen	Elementar **8** Stunden **mit** Mittagessen	
	Elementar **10** Stunden **mit** Mittagessen	
	Elementar **12** Stunden **mit** Mittagessen	

„Die Betreuungswünsche der Eltern finden nur in Kombination mit den Bewilligungsentscheidungen der Behörde Beachtung, d. h., eine alleinige Abfrage der Elternwünsche wird nicht gestaltungsleitend sein. Außerdem sind für Träger jene Eltern bzw. Betreuungsschecks besonders attraktiv, die einen hohen Nennwert haben und zum Beispiel Ganztagsbetreuung als Leistung umfassen – im Gegensatz zu einer weniger kostenintensiven Halbtagsbetreuung. Konkret bedeutet dies, dass zwischen den Trägern ein Wettbewerb um die Eltern mit den am höchsten ausgestatteten Betreuungsschecks entstehen könnte."

(Bock-Famulla/Irskens, o.J.)

Schwierigkeiten mit der personenbezogenen Finanzierung

Was auf den ersten Blick sehr plausibel erscheint, nämlich die konsequente Orientierung des Zuschusses am einzelnen Kind, zieht jedoch drei Problemfelder nach sich, mit denen sich die Politik und die Träger von Kindertageseinrichtungen derzeit und in Zukunft auseinandersetzen müssen:

(1) Die Politik auf Landes- und Kommunalebene muss plausible Bedarfskategorien definieren, wobei insbesondere folgende Fragen auftauchen: Wo liegt der Grundbedarf an Betreuungsstunden bei einem Kind, dessen Eltern nicht beide berufstätig sind, was gilt, wenn beide berufstätig sind, und wie kann verhindert werden, dass Erziehungsberechtigte, die vorübergehend arbeitslos sind, diskriminiert werden? Oder: Werden alle Kinder mit Deutsch als Zweitsprache gleichgestellt, oder – falls nicht – wie wird der Förderbedarf dieser Kindern gemessen? Die Gefahr ist hier offensichtlich nicht von der Hand zu weisen, dass es zu einem Gerangel um „Bedarfskategorien" kommt, bei dem einzelne Gruppen bevorzugt bzw. benachteiligt werden.

So gab es bereits den in Presse und Öffentlichkeit viel diskutierten Fall eines Hamburger Kleinkindes, das – aufgrund der Berufstätigkeit der Mutter – einen Krippenplatz bekam, diesen aber nach 12 Monaten (das Kind war jetzt 2 1/2 Jahre alt) wieder aufgeben musste, da die Mutter jetzt in Babypause mit einem zweiten Kind zu Hause war und damit das Kriterium der Berufstätigkeit nicht mehr erfüllt war. 6 Monate später konnte dieses Kind dann wieder als „Kindergartenkind" förderungsfähig eingestuft werden und eine Kita besuchen.

Eine mögliche Folge könnte auch die zunehmende Spaltung der Elternschaft sein. Denn die Eltern, die keinen „anerkannten" Bedarf haben, bleiben ja nicht völlig ausgeschlossen, sie müssen sich den Zutritt zur Kindertagesstätte nur durch entsprechende Eigenbeiträge (die inzwischen sogar von der Steuer absetzbar sind!) erkaufen.

(2) Die Verantwortlichen in den Einrichtungen sind jetzt gezwungen, sehr genau zu beobachten, wie viele Kinder welcher Kategorie im jeweiligen Kindergartenjahr ihre Kindertagesstätten besuchen wollen. Und sie müssen aus diesen Tatsachen sehr schnell die entsprechenden konzeptionellen und organisa-

torischen Konsequenzen ableiten, was – das Engagement des Teams vorausgesetzt – sehr schnell an baulichen, räumlichen und damit insbesondere finanziellen Hürden scheitern könnte.
So kann z. B. nicht jede Einrichtung aufgrund räumlicher Bedingungen Kinder unter drei Jahren aufnehmen, häufig sind die Möbel und das Außengelände nicht für die Aufnahme von Hortkindern geeignet. Auch die Entscheidung zur Aufnahme von Kindern mit Behinderungen zieht Konsequenzen nach sich (wie z. B. Schulung des Personals, Zusammenarbeit mit Fördereinrichtungen, bauliche Anpassungen etc.), die nur sinnvoll sind, wenn es sich um langfristige Perspektiven und nicht um eine vorübergehende Lösung handelt.

(3) Insgesamt ist das Argument nicht von der Hand zu weisen, dass es aufgrund dieser Entwicklung zu einer Aufspaltung der Kindertagesstätten in unterschiedliche Qualitätskategorien kommt, je nachdem, welche Zielgruppen ausgewählt und „bei der Stange" gehalten werden können. Zudem wird eine Vergrößerung der Einrichtungen nicht aufzuhalten sein, da sich „Kinderhäuser" flexibler an die Anforderungen des Marktes anpassen können. Von den Mitarbeiterinnen und Mitarbeitern schließlich wird eine höhere Flexibilität in Bezug auf die Gestaltung der Arbeitszeiten erwartet werden. Auch hier deutet sich noch einmal an, dass unter Umständen private Anbieter Vorteile haben werden, da sie bezüglich der Gestaltung der Arbeitsverträge, z. B. durch Arbeitszeit(jahres)konten, Werkverträge etc., wesentlich freier sind.

Kostenkontrolle und Beeinflussung des Buchungsverhaltens

Aus der neuen Finanzierungsform ergibt sich als unerlässliche Aufgabe für jede Einrichtung die ständige Kostenkontrolle. Träger und Leitung müssen jetzt zu jedem Zeitpunkt so exakt wie möglich wissen, wie es um ihre Finanzen steht. Eine solche Kostenkontrolle ist auf Dauer aber nicht ohne Unterstützung durch Softwareprogramme möglich, da es zu kompliziert wäre, die verschiedenen Parameter im Kopf zu berechnen (siehe dazu das Beispiel 2 in Kap. V).
Natürlich reicht die laufende Kostenkontrolle allein nicht aus, um den Bestand der Einrichtung zu sichern. Noch viel wichtiger ist die

„Kundenpflege“ und der Aufbau eines möglichst optimalen Images, wodurch sich die Einrichtung ihre Zukunft sichert. Dies setzt jedoch unter den neuen Bedingungen einen hohen Aufwand an Kommunikation und Öffentlichkeitsarbeit voraus, der nur auf Basis einer klaren konzeptionellen Ausrichtung sinnvoll erscheint.

Die konzeptionelle Ausrichtung einer Kindertagesstätte muss für Eltern attraktiv sein, sie muss darüber hinaus in der Lage sein, deutlich zu machen, dass alle Kinder, die die Einrichtung besuchen, gerne kommen und jeweils optimal betreut und gefördert werden. Zugleich muss sie aber auch den Eltern deutlich machen, warum eine gewisse Mindestanwesenheitszeit erforderlich ist, um die angestrebten Ziele erreichen zu können, und warum es keinen Sinn macht, lediglich die vom Zuschussgeber (z. B. in Hamburg) finanzierte „Kernzeit“

in Anspruch zu nehmen. Wenn alle Kinder die Einrichtung nur zur Kernzeit aufsuchen, dann können die Erzieherinnen und Erzieher aufgrund der dadurch entstehenden Gruppengröße weder angemessen auf die Bedürfnisse einzelner Kinder eingehen, noch reicht das zur Verfügung stehende Geld, um die Vorbereitungszeiten zu sichern, die erforderlich sind, um inhaltlich attraktive Angebote und Projekte mit den Kindern durchzuführen.

Strategisches Ziel der Einrichtung muss es demzufolge sein, dass Eltern großzügig buchen, die gebuchten Zeiten aber nicht immer bis zur letzten Minute ausnutzen, damit der jeweilige Personalschlüssel optimiert werden kann. Um die Eltern hierzu zu animieren, müssen die Einrichtungen jedoch noch deutlicher als bisher herausstellen, welche Vorteile für Kinder und Eltern die verschiedenen zusätzlichen Angebote haben, wie z. B. :

- ein gemeinsames Mittagessen im Kindergarten:
  Das Kind kann hier die anderen Kinder und die Erzieherinnen in einer Alltagssituation erleben, es kann sich ungezwungen in der Kindertagesstätte verhalten und erlebt diese auch als Ort der ungezwungenen Begegnung; zugleich bekommt es eine kindgemäße und gesunde Mahlzeit. Die Eltern sind von der Hektik des Essenzubereitens befreit und können sich später in Ruhe der Vorbereitung eines gemeinsamen Familienabendessens widmen.
- ein attraktiv gestaltetes Nachmittagsprogramm:
  In Kleingruppen oder gemeinsam können hier besondere Aktivitäten durchgeführt werden. Dies können Exkursionen und Erkundungen sein, zu denen am Vormittag keine Zeit bleibt, aber auch Kursangebote in spezifischen Bereichen (Werken, Musizieren, Schwimmen etc.), die von den Kindern nach eigenen Vorlieben gewählt und über einen längeren Zeitraum durchgeführt werden, was wiederum auch sichtbare Lernfortschritte zeitigen kann.
- zusätzliche Einnahmen durch Extra-Angebote:
  Wenige Einrichtungen bieten Kindern und Eltern bislang die Teilnahme an besonderen Aktivitäten an, wie z. B. den (regelmäßigen) gemeinsamen Besuch einer Theatervorstellung, die Organisation eines gemeinsamen Festes oder die Betreuung der Kinder an den üblicherweise zum Einkauf genutzten Samstagen im Advent – von der

Möglichkeit, im Kindergarten zu übernachten, weil die Eltern auf Dienstreise sind, ganz abgesehen. Unter den neuen finanzpolitischen Rahmenbedingungen werden aber solche Angebote zunehmend wichtiger. Sie bieten nicht nur die Möglichkeit für zusätzliche Geldeinnahmen, sondern erlauben gleichzeitig auch, den Bekanntheitsgrad und die Attraktivität einer Einrichtung zu steigern.

Bildungspläne

Warum Bildungspläne für Kindergärten?

Die Entstehung der Bildungspläne im Kindergartenbereich bietet Analogien zu dem bekannten Beispiel des Schmetterlings, der mit seinem Flügelschlag unter Umständen sogar einen Wetterumschwung auslösen kann. Denn eine konkrete Ursache dafür, warum man in der deutschen Politik und Wissenschaft von einer zunächst die Bildungspläne der ehemaligen DDR ablehnenden Haltung zu einer Position gelangte, in der solche Bildungspläne nun geradezu vehement eingefordert werden, lässt sich nicht erkennen. Hier können lediglich einige Entwicklungslinien angedeutet werden, die dazu beigetragen haben, dass schließlich der „Sturm" der „Bildungsdebatte" auch über die Kindergärten hereinbrach:

- Der zunehmende globalisierte Wettbewerb hat die Politik hierzulande – ausgelöst vor allem durch die alarmierend hohe Jugendarbeitslosigkeit – offensichtlich sensibel gemacht für die bildungspolitische Entwicklung in Staaten wie z. B. Finnland, die im Rahmen des PISA-Tests deutlich besser abgeschnitten haben als Deutschland (Fthenakis, 2003).
- Die wachsende Bereitschaft der Erziehungswissenschaftler, komplexe Fragestellungen auf einfache, nicht wirklich verifizierte Kausalitäten zurückzuführen. So gerät der Kindergarten ins Rampenlicht, obwohl sich die PISA-Tests doch mit den Schulen beschäftigten (ein Kita-Test wurde noch nicht durchgeführt), oder es wird z. B. behauptet, die in anderen europäischen Ländern bessere, weil dort an den Hochschulen angesiedelte Ausbildung der Erzieherinnen und Erzieher wäre eine Hauptursache für die Leistungsunterschiede der Kinder – obwohl sich doch

gerade im berufsbildenden Bereich die Ausbildungssysteme der verschiedenen Länder grundlegend unterscheiden und obwohl momentan kein didaktisch-methodisches Konzept für den Kindergartenbereich vorliegt, das als Grundlage für ein Studium herangezogen werden könnte.

- Die intensive Wahrnehmung neuer Erkenntnisse im Bereich der frühkindlichen Entwicklung, die dem Erwerb nicht nur elementarer Kompetenzen (wie z. B. der Fähigkeit zum „Lernen des Lernens"), sondern auch von bislang als „schulisches Wissen" apostrophierten Inhalten (wie z. B. dem Erlernen einer Fremdsprache, der Auseinandersetzung mit technischen Errungenschaften etc.) bereits im frühen Kindesalter einen hohen Stellenwert zuschreiben.

Verwunderlich angesichts dieses „Sturms" erscheint dagegen wiederum die Tatsache, dass die von den verschiedenen Länderparlamenten verabschiedeten Bildungspläne sowohl nach ihrem Umfang (dieser reicht vom Bayerischen Bildungsplan mit seinen 488 Seiten bis zum Thüringischen Bildungsplan mit 12 Seiten) wie auch hinsichtlich ihrer Art und Zielsetzung völlig unterschiedlich ausgefallen sind und innerhalb kürzester Zeit vollendet wurden.

Aus theoretischer Sicht sind diese Bildungspläne vor allem auf drei Kriterien hin zu überprüfen:

1. Sind die Ziele klar formuliert und ist deren Erreichung verbindlich vorgeschrieben?
2. Ergeben sich für die einzelne Einrichtung genügend didaktisch-methodische Freiheiten bei der Umsetzung?
3. Lässt sich die Zielerreichung anhand klarer Kriterien messen und überprüfen?

Ein systematischer Überblick über alle Bildungspläne der Bundesrepublik findet sich am Ende dieses Bandes. Anhand einer genaueren Betrachtung der Bildungspläne von Bayern (1), Bremen (2) und Nordrhein-Westfalen (3) sollen hier jedoch noch einige Besonderheiten und Unterschiede aufgezeigt werden, die sich hinter ihnen verbergen:

(1) Der Bayerische Bildungs- und Erziehungsplan für Kinder in Tageseinrichtungen bis zur Einschulung gilt als „Teil der Qualitäts- und Bildungsoffensive Bayerns". Er umfasst 488 Seiten und will „ wegen der großen Bedeutung des frühen Lernens für den Einzelnen und die Gesellschaft" für die „heranwachsende Generation schon in früher Kindheit optimale Bildungsvoraussetzungen" (BayBildungsplan, 2006, S. 9) schaffen sowie die Erzieherinnen und Erzieher darin unterstützen, die in der AVBayKiBiG §2 „normierten Bildungs- und Erziehungsziele bestmöglich umsetzen zu können." (ebd., S. 37f.)

Erkenntnis- und handlungsleitend ist dabei der Kompetenzansatz, der davon ausgeht, dass es wichtiger ist, lernmethodische Kompetenzen zu vermitteln als bestimmte Inhalte zu kanonisieren (ebd., S. 18). Dazu unterscheidet der Plan zehn Basiskompetenzen (Selbstwahrnehmung, motivationale Kompetenzen, kognitive Kompetenzen, physische Kompetenzen, soziale Kompetenzen, Entwicklung von Werten und Orientierungskompetenz, Fähigkeit und Bereitschaft zur Verantwortungsübernahme, Fähigkeit und Bereitschaft zur demokratischen Teilhabe, lernmethodische Kompetenzen – Lernen wie man lernt, Widerstandsfähigkeit) und stellt diese knapp vor. Den Schwerpunkt des Bildungsplans bildet dann die Darstellung der bereichsspezifischen Ausdifferenzierungen dieser Kompetenzen. Diese erfolgt im Rahmen von themenübergreifenden Bildungs- und Erziehungsperspektiven, wie z. B. Übergänge des Kindes, Umgang mit individuellen Unterschieden und soziokultureller Vielfalt, sowie im Kontext von themenbezogenen Bildungs- und Erziehungsbereichen, wie Werteorientierung und Religiosität, Sprache und Literacy, Mathematik, Naturwissenschaften und Technik etc. Hier werden, ausgehend von knappen Leitgedanken, vor dem Hintergrund der Basiskompetenzen verschiedene Bildungs- und Erziehungsziele formuliert und anhand von Beispielen ihrer Umsetzung im Kindergartenalltag konkretisiert.

Das letzte Kapitel geht dann auf einige „Schlüsselprozesse für die Bildungs- und Erziehungsqualität“ ein, wie z. B. die „Mitwirkung der Kinder“, die „Moderierung von Bildungs- und Erziehungsprozessen“, die „Erziehungspartnerschaft mit den Eltern“, „Gemeinwesenorientierung“ etc. Aufgrund der Fülle an Praxisbeispielen gleicht der Bildungs- und Erziehungsplan einem Arbeitsbuch, das den Erzieherinnen und Erziehern geeignete Inhalte, Methoden und Arbeitsmaterialien an die Hand geben möchte. Die Konkretisierung geht hier oftmals so weit, dass das konkrete Vorgehen bis in Einzelheiten (Welche Geschichte? Wie kann die Geschichte besprochen werden? etc.) benannt und gesteuert wird. Da, wo es um die Möglichkeit geht, die Zielerreichung beim einzelnen Kind zu messen, bietet der Plan jedoch keine klaren Vorgaben oder Instrumentarien, wie z. B. Beobachtungsbögen, Einschätzskalen etc. an.

Methodisch gesehen rät der Plan zu einer Verbindung aller im Kindergartenbereich bekannte Vorgehensweisen, wie z. B. „innere Öffnung“, „innere Differenzierung“, „Projektansatz“, „Alltagsorientierung“ und „Mitwirkung der Kinder“. Neu daran ist lediglich, dass der Wert des kindlichen Spiels eindeutig relativiert wird. Es bleibt zwar weiterhin ein wichtiges Element, die Erzieherinnen und Erzieher werden jetzt aber dazu aufgefordert, stärker lenkend einzugreifen:

„Freispiel ist wichtig, sollte jedoch unterstützt werden und muss in einem angemessenen Verhältnis zu Lernaktivitäten stehen, die die Erwachsenen planen und initiieren. Das tägliche Erleben strukturierter Situationen als Lernmodell ist wesentlich. Die stimulierende und herausfordernde Funktion geplanter und gemeinsamer Lernaktivitäten in der Gruppe bringt Kinder in ihrer sozialen und kognitiven Entwicklung weiter." (BayBildungsplan, 2006, S. 32f.)

(2) Der „Rahmenplan für die Bildung und Erziehung im Elementarbereich" der Freien Hansestadt Bremen umfasst zwar lediglich 42 Seiten, orientiert sich dafür aber sehr stringent an wenigen leitenden Prinzipien und Grundsätzen und beschränkt sich bei der Umsetzung auf knappe Hinweise, die dann von den Verantwortlichen in den Einrichtungen eigenständig umgesetzt werden sollen. Vor dem Hintergrund wichtiger Leitideen, wie etwa „das Kind als eigenständige Persönlichkeit", „demokratische Einstellungen und demokratisches Handeln" etc., wird das Verständnis von frühkindlicher Bildung als „Selbstbildung", die sich in einem aktiven und sozialen Prozess zwischen den Kindern oder zwischen Kindern und Erwachsenen vollzieht, zum Ausgangspunkt genommen. Die Kinder sollen sich Wissen in einem ganzheitlichen Lern- und Forschungsprozess aneignen sowie personale und soziale Kernkompetenzen entwickeln, um mit Wissen umgehen zu können und auf diese Weise das „Lernen des Lernens" (Rahmenplan Bremen, 2004, S.11) zu lernen. Die Bildungsbereiche (Rhythmik/Musik, Körper/Bewegung, Spiel/Fantasie, Kommunikation, soziales Lernen, Kultur/Gesellschaft, Bauen/Gestalten sowie Natur/Umwelt/Technik) werden dann jeweils so aufbereitet, dass die Chancen und die seitens der Erzieherinnen und Erzieher erforderlichen und möglichen Unterstützungsmaßnahmen zur Selbstbildung zum Ausdruck kommen.

Abschließend werden einige Aussagen zur Arbeit der Fachkräfte formuliert. Demnach zeichnet sich die Erzieherin bzw. der Erzieher dadurch aus, dass sie/er sich – wie die Kinder – selbst bildet, Beziehungen und Lernprozesse gestaltet, die Kinder strukturiert beobachtet und die kindliche Individualität und soziale und kulturelle Identität fördert. Methodisch wird der Projektarbeit eine besondere Bedeutung zugewiesen, allerdings haben auch „Bildungsangebote, die über einen bestimmten Zeitraum mit den Kindern umgesetzt werden", einen eigenständigen Platz. Derzeit werden

verschiedene Handreichungen entwickelt, die die groben methodischen Vorgaben des Rahmenplans präzisieren sollen.
Ähnlich wie in allen anderen Bildungsplänen werden aber auch hier die zu erreichenden Ziele nicht klar vorgegeben und ausreichend operationalisiert. Dafür ist aber ein Plan (bzw. eine Vorgabe) entstanden, der (die) die Ziele klar ausweist und den Einrichtungen trotzdem genügend didaktisch-methodischen Spielraum zugesteht.

(3) Die Vorgaben des Bildungsplans von Nordrhein-Westfalen werden im Rahmen einer „Bildungsvereinbarung" thematisiert, die zwischen Kommune bzw. Landkreis einerseits und der Einrichtung andererseits geschlossen wird. Diese Bildungsvereinbarung stellt den Bereich der Kindertagesstätten unter das Motto „Fundamente stärken und erfolgreich starten!" Mit dem nordrhein-westfälischen Bildungsplan sind nach Ansicht des Ministeriums „erstmals Rahmeninhalte zur Stärkung des Bildungsauftrages im Elementarbereich, zur Förderung des kontinuierlichen Bildungsprozesses der Kinder und für den gelingenden Übergang vom Kindergarten in die Grundschule verabredet worden." Die Bildungspotenziale, die jedes Kind von Geburt an mitbringt, sollen frühzeitig entdeckt, gefördert, herausgefordert und somit gestärkt werden. Die Bildungsziele sind nur sehr allgemein formuliert. Es gilt, „(...) die Kinder in ihrer Persönlichkeit zu unterstützen und ihnen Gelegenheit zu verschaffen, ihre Entwicklungspotenziale möglichst vielseitig auszuschöpfen und ihre schöpferischen Verarbeitungsmöglichkeiten zu erfahren." (Bildungsvereinbarung NRW, 2003, S. 6) Die Umsetzung der Bildungsziele soll vor allem dadurch gesichert werden, dass die Bildungsvereinbarung von Kommune bzw. Landkreis und dem Träger der jeweiligen Kindertagesstätte unterschrieben wird und damit als verbindlich gilt.
Die NRW-Bildungsvereinbarung betont zum einen die Notwendigkeit von einrichtungsinternen Bildungskonzepten, zum anderen benennt sie unterschiedliche Bildungsbereiche, wie Bewegung, Spielen und Gestalten, Medien, Sprache(n), Natur und kulturelle Umwelt(en). Des Weiteren soll die Entwicklung verschiedener „Selbstbildungspotenziale" angestrebt werden, wie z. B. die Differenzierung von Wahrnehmungserfahrung über die Körpersinne, die Fernsinne und die Gefühle, die innere Verarbeitung durch Eigenkonstruktionen, Fantasie, sprachliches und naturwissenschaftlich-

logisches Denken, der Aufbau sozialer Beziehungen und von Beziehungen zur sachlichen Umwelt, der Umgang mit Komplexität und das Lernen in Zusammenhängen sowie das forschende Lernen (ebd., S. 7).
Weitere wichtige Bestandteile der Bildungsvereinbarung sind die Gestaltung des Übergangs in die Grundschule, die Mitwirkung der Eltern oder anderer Erziehungsberechtigter und die ständige Evaluation der pädagogischen Arbeit. Im Rahmen einer Handreichung zur Entwicklung träger- oder einrichtungsspezifischer Bildungskonzepte werden dann noch didaktisch-methodische Beispiele zu den konkreten Umsetzungszielen bzw. -feldern der einzelnen Bildungsbereiche beschrieben.
Einen Bildungsplan als Bildungsvereinbarung zu konstruieren, erscheint vor dem Hintergrund des neuen Verhältnisses zwischen Kommune bzw. Landkreis und Einrichtung folgerichtig. Allerdings zeigt gerade das Beispiel in Nordrhein-Westfalen, dass Vereinbarungen nur dann erfüllt und überprüft werden können, wenn sie bezüglich der geforderten Ziele und Ergebnisse eindeutig sind. Der Begriff „Bildungsvereinbarung" deutet insofern eher auf einen Aushandlungsprozess hin als auf einen „Vertrag" im Sinne der Neuen Steuerung.

Zur Relevanz der Bildungspläne

Überblickt man die verschiedenen Bildungspläne in den einzelnen Bundesländern, so kann Folgendes festgestellt werden. Alle Bildungspläne

- offerieren ähnliche pädagogische Zielsetzungen und inhaltliche Förderschwerpunkte, auch wenn die Terminologie im Einzelnen unterschiedlich ausfällt. Das Kind wird als aktiv lernende Person in den Mittelpunkt des Bildungsgeschehens gestellt. Die pädagogischen Fachkräfte sollen jedes einzelne Kind darin unterstützen, sich auf dieser Basis frei und optimal zu entfalten.
- verpflichten die Einrichtungen zu Verfahren der Evaluation und Qualitätssicherung, sie machen aber in der Regel keine konkreten Vorgaben darüber, wie dies zu geschehen hat.
- geben letzten Endes keine klaren, operationalisierten und damit messbaren Zielvorgaben, an denen man die Umsetzung der Vorgaben des Bildungsplans überprüfen könnte.

Darüber hinaus sind einige Pläne methodisch gesehen zu differenziert, was zum Teil zur Folge haben wird, dass sich verunsicherte pädagogische Fachkräfte akribisch genau an die Vorgaben halten werden. In diesem Fall vertrauen die Autoren offensichtlich darauf, dass die Umsetzung der vorgegebenen Inhalte (der „input“) automatisch zur Erreichung der gesteckten Ziele führen wird. Andere Bildungspläne dagegen geben überhaupt keine Hinweise auf die didaktisch-methodische Umsetzung. Damit bürden sie die didaktisch-methodische Last der Umsetzung vollständig den einzelnen Einrichtungen auf, die daran allein schon aus zeitlichen Gründen scheitern müssen.

Trotzdem wird niemand die Sinnhaftigkeit solcher „Orientierungen“, wie sie in den Bildungsplänen niedergelegt worden sind, bestreiten. Und die Einrichtungen tun gut daran, das, was davon in der Praxis umsetzbar erscheint, auch zu realisieren. Allerdings wird man die Ernsthaftigkeit, mit der die Bildungspläne entwickelt worden sind, vor allem daran messen müssen, mit welcher Konsequenz die Bedingungen für deren Umsetzung bereitgestellt werden, und ob die Bundesländer mittelfristig dazu übergehen werden, nicht nur die Umsetzung der Pläne, sondern auch die Zielerreichung einzufordern.

Vielleicht hat die „weiche“ Art der bisherigen Regelungen aber auch einen anderen Grund: Die Bildung, Erziehung und Betreuung von Kindern liegt, wie alle Bildungspläne betonen, laut Gesetz in der vorrangigen Verantwortung der Eltern, weshalb die einzelne Kindertagesstätte immer deren erzieherische Entscheidungen zu achten hat. Anders formuliert bedeutet dies, dass nur die Schule verfassungsrechtlich verankert ist und damit einen eigenständigen und durchsetzbaren Bildungsauftrag hat, nicht dagegen der Kindergarten. Und vielleicht erklärt sich von daher auch die langfristige politische Strategie, den Beginn der Schulpflicht zunehmend nach vorne zu verlagern und Rückstellungen vom Schulbesuch restriktiver zu handhaben.

Auf die Umsetzung kommt es an!

Wie detailliert oder offen, umfangreich oder knapp die Bildungspläne auch immer sein mögen – letztendlich hängt alles von der Qualität ihrer Umsetzung in den Einrichtungen ab. Wenn also die verschiedenen Bildungspläne keine Zielzustände definieren, dann müssen sich die Einrichtungen selbst geeignete Instrumente schaffen, um die Entwicklung der einzelnen Kinder möglichst genau beobachten, Ziele bezüglich deren Entwicklung konkret formulieren und diese didaktisch-methodisch erreichen zu können.

Folgende Aspekte werden dabei zukünftig im Vordergrund stehen müssen:

- Eine hochdifferenzierte, individuelle Entwicklungsdokumentation bezüglich jedes einzelnen Kindes (siehe dazu das Beispiel 1 in Kap. V) als Grundlage für dessen spezifische Förderung;
- die Schaffung einer anregenden Spiel- und Lernumgebung, welche die Kinder zu entdeckendem Lernen anregt und sicherstellt, dass der Zugang zu moderner Technik, Natur- und Umwelterfahrung, Bildungswissen etc. gewährleistet ist;
- ein gleichberechtigter Wechsel zwischen solchen Lehr- bzw. Lernformen, die von den Interessen und Bedürfnissen des einzelnen Kindes (Stichwort: selbstorganisiertes Lernen) bzw. einer Gruppe (Stichwort: Projektarbeit, situationsorientiertes Lernen, Außerhausaktivität) ausgehen, und solchen, die von „Sachen“ oder „Themen“ ausgehen, welche durch die pädagogischen Fachkräfte auch vor dem Hintergrund konkreter Anforderungen des Bildungsplans eingebracht werden (Stichwort: Angebot, Kurs, Training, Lehreinheit);
- die sorgfältige Dokumentation aller von den Kindern durchgeführter Aktionen und

wahrgenommener Angebote sowie deren Abgleichung mit den vorformulierten (Kompetenz-)Zielen (siehe dazu das Beispiel 3 in Kap. V).

Zusammenfassend formuliert: Nur wenn die bislang immer noch bestehenden Gräben zwischen den „Ideologien“ einer kindorientierten bzw. spielerischen, einer angebotsorientierten bzw. lehrenden und einer situationsorientierten bzw. aktivierenden Didaktik und Methodik zugunsten einer übergreifenden Sichtweise überwunden werden, besteht die Möglichkeit, die Bildungschancen aller Kinder im Kindergarten zu optimieren.

III. Neue Anforderungen an Träger, Kindergartenleitung und Team

Betrachtet man die drei in Kapitel II beschriebenen neuen Herausforderungen, die auf die Kindertagesstätten momentan zukommen – also die Neue Steuerung, die Budgetierung und die Bildungsplanorientierung –, so wird deutlich, dass nur solche Organisationen im Umgang damit erfolgreich sein können, die über die entsprechenden Steuerungsinstrumente zu deren Be- bzw. Verarbeitung verfügen. Unverzichtbar ist hier, alle wichtigen Aspekte der Organisation so „in den Griff zu bekommen", wie es nur durch den Aufbau und Pflege eines Qualitätsmanagementsystems möglich wird. Wie ein solches System formal aussehen kann, wird in Kapitel IV überblicksartig beschrieben.

Dimensionen des Managements

Wichtiger als der Systemaufbau ist jedoch zunächst, dass die verschiedenen Aufgabenbereiche und Verantwortlichkeiten bekannt sind, die die Beteiligten sowohl im Aufbau- als auch

Normatives Management

Definition: „Die Ebene des normativen Managements beschäftigt sich mit den generellen Zielen der Unternehmung, mit Prinzipien, Normen und Spielregeln, die darauf ausgerichtet sind, die Lebens- und Entwicklungsfähigkeit zu ermöglichen."

- Leitbild
- Qualitätspolitik
- Kennzahlen
- Unternehmenskultur/Motivation
- Optimierung der Organisationsstruktur
- Klärung der Etat- und Finanzstruktur
- Fundraising

↓

Strategisches Management

Definition: „Strategisches Management ist auf den Aufbau, die Pflege und die Ausbeutung von Erfolgspotenzialen gerichtet, für die Ressourcen eingesetzt werden müssen."

- Anpassung des Angebots an den Bedarf
- Weiterentwicklung des konzeptionellen Designs
- Evaluation und Managementbewertung
- Dokumentation und Aktenführung

- Sicherung einer optimalen Kommunikationsstruktur
- Personalentwicklung
- Öffentlichkeitsarbeit
- Aufbau eines systematischen Wissensmanagements

↓

Operatives Management

Definition: „Operatives Management ist die Umsetzung der normativen und strategischen Vorgaben in operationalisierte Leistungsziele und zielgerichtete Aktivitäten."

- Umsetzung der konzeptionellen Vorgaben
- Entwicklung und Erprobung fachlicher Standards
- Aufspüren von Schwachstellen und Umsetzung von Verbesserungsvorschlägen

(in Anlehnung an: Heinz, 2000, S. 13; © 1999 Schäffer-Poeschel Verlag für Wirtschaft Steuern Recht GmbH & Co. KG in Stuttgart)

im Umsetzungsprozess bewusst übernehmen sollen. Im Rahmen eines umfassenden Managementansatzes geht man heute davon aus, dass sich die verschiedenen „Management"-Aufgaben durch Arbeitsteilung so untergliedern lassen, dass sie jeweils optimal ausgeführt werden können.

Natürlich beziehen sich alle drei Dimensionen des Managements – die normative, die strategische und die operative – aufeinander und sind miteinander verknüpft. Trotzdem können sie aber doch von ihrer originären Aufgabenstellung her weitgehend als autonom verstanden und den verschiedenen Beteiligten (Träger, Leitungsebene, Team bzw. Mitarbeiterinnen und Mitarbeiter) mit ganz spezifischen Aufgabenstellungen zugeordnet werden. Dies soll in den folgenden Abschnitten geschehen.

Träger und normatives Management

Wenn Kindertagesstätten zu Unternehmen werden, dann besteht die neue Herausforderung für die Träger darin, dass sie jetzt wirklich für ihre Einrichtung die volle Verantwortung übernehmen müssen. Sie müssen das gesamte wirtschaftliche Risiko tragen, denn keine Kommune bzw. kein Landkreis und kein Dachverband werden ihnen in einer möglichen finanziellen Not in Zukunft beistehen können und wollen. Das alte System der Bezuschussung von „unverschuldet" in Not geratenen Einrichtungen durch Nachtragszahlungen lässt sich angesichts der neuen Steuerungsinstrumente nicht länger aufrechterhalten. Die Träger müssen jetzt ihre Einrichtung zukunftsorientiert und umsichtig steuern. Dabei können und sollten sie sich folgender Instrumente bedienen:

Leitbild

Vor allem in den letzten zehn Jahren hat die Entwicklung von Leitbildern bei freien Trägern und Kommunen eine wichtige Rolle gespielt. Dabei ist jedoch zunehmend klar geworden, dass die Bedeutung des Leitbildes weniger auf der Ebene konkreter pädagogischer Prozesse zum Tragen kommt. Hier gibt es bereits eine Fülle von wissenschaftlichen und fachlichen Standards, an denen sich die Praxis orientieren muss, will sie sich nicht dem Vorwurf aussetzen, nur mäßige oder schwache Qualität zu liefern. Anders gesagt: Was ein gutes Freispiel oder ein gutes Erzieherverhalten ausmacht, das wird durch die autonome Entwicklung fachlicher Diskurse

festgelegt und kann durch ein Leitbild nicht wesentlich beeinflusst werden.

Warum die Entwicklung eines Leitbildes trotzdem Sinn macht, zeigt sich vor allem auf der Ebene der Träger selbst. Bei zunehmender Konkurrenz und steigendem Kostendruck muss sich insbesondere der Träger klarmachen, warum er sich dem Wettbewerb stellt, welche „Mission" oder „Vision" er verfolgt und was ihn dazu legitimiert, Steuergelder für die Vorhaltung und Erbringung der jeweiligen Leistungen in Anspruch zu nehmen. Dass er dabei neben den gesetzlich verankerten allgemeinen Zielen noch eigene Teilziele, wie z. B. konfessionelle, ökologische, betriebliche etc., verfolgen kann, ist ein Zugeständnis, das dem im deutschen Staatsverständnis fest verankerten Prinzip der Subsidiarität Rechnung trägt. Das ändert jedoch nichts daran, dass sich der Träger verpflichtet, sich an den Vorgaben des KJHG und der jeweiligen weiteren gesetzlichen, verwaltungsrechtlichen etc. Bestimmungen zu orientieren.

In diesem Kontext wird die relative „Bevorzugung" der verbandlich und kirchlich getragenen Einrichtungen in Zukunft eher abnehmen, da insbesondere Bestimmungen des Wettbewerbsrechts und der Europäischen Union zu einem fundamentalen Wandel des Selbstverständnisses der Kommunen und Landkreise als Steuerungsverantwortliche für den Bereich des KJHG beitragen werden. Auch die daraus erwachsenden Folgerungen für die Einrichtungen müssen vom Träger gesehen und mit Hilfe geeigneter Instrumente bewältigt werden.

So weist z. B. der Jurist U. Becker (2005) bezüglich des Themas „europäisches Gemeinschaftsrecht" darauf hin, dass in Zukunft auch damit zu rechnen sein wird, dass ausländische Anbieter mithilfe innovativer Konzepte in den Markt eintreten und ihren Anspruch auf Gleichbehandlung geltend machen werden:

> „Als gemeinschaftsrechtswidrig erweisen sich Beihilfen, die nicht in einem transparenten Verfahren und ohne klare Verpflichtung für eine soziale Gegenleistung erteilt werden, ebenso wie deren Beschränkung auf bestimmte Träger, sofern diese in einem Konkurrenzverhältnis zu anderen Trägern stehen.
> Unzulässig sind ferner diskriminierend wirkende Regelungen, die sich auf den Zutritt von ausländischen Leistungserbringern auswirken könnten (etwa bei Preisgestaltung oder zur Bedarfssicherung)."
>
> (Becker, 2005, S. 28)

Ein Beispiel für das Leitbild eines „neuen" Trägers von Kindertageseinrichtungen

„Die GFK als Träger für Kinderbetreuungs-Einrichtungen ist gewachsen aus der Idee, ein konsequenter Partner für Kinder und Eltern zu sein. Dabei ist in unseren Augen die Sicherstellung einer Kinderbetreuung, die auch in besonderen Situationen funktioniert, der wichtigste Eckpfeiler für die Entlastung von Familien bei der Organisation ihres Alltags.
Gleichzeitig sind wir der Überzeugung, dass Kinder einen Anspruch haben auf optimale Förderung und Entwicklungsbegleitung und dass Eltern einen kompetenten Partner haben sollten bei der Begleitung der Entwicklung ihrer Kinder. Unser Ziel ist es, mit unseren Betreuungseinrichtungen dieser familienfreundliche und kompetente Partner zu sein. Um das zu gewährleisten, entwickeln wir uns und die Qualität unserer Arbeit beständig weiter."

(GFK Gesellschaft zur Förderung von Kinderbetreuung e.V. Kassel, www.gfk-kassel.de)

Nicht überall von heute auf morgen, aber doch schon vielerorts werden die freien Träger somit gezwungen, ihre Position „am Markt" zu verteidigen. Sie werden zukünftig im Rahmen kommunaler „rankings" (das sind Tabellen über die Qualität von Einrichtungen, die von den Medien „konstruiert" und früher oder später überall den Eltern offeriert werden) bewertet werden. Und genau hier wird deutlich, warum sie ein Leitbild brauchen: Damit sie sich selbst motivieren können, ihr Bestes zu geben und die Voraussetzungen zu schaffen, die erforderlich sind, damit „ihre" Einrichtung sich wirklich optimal entwickeln und eine hohe Qualität sichern kann.

Qualitätspolitik

Auch die Qualitätspolitik ist ein unverzichtbares Element auf der obersten Stufe der Unternehmensstrategie. Hier werden die übergeordneten Absichten und die von der obersten Führungsebene konzipierte Ausrichtung einer Organisation bzw. eines Unternehmens zur Qualität formuliert.
Dabei kommt es nicht nur auf wichtige allgemeine Merkmale, wie „Kundenzufriedenheit", „Wirtschaftlichkeit", „Umweltfreundlichkeit", „Servicebereitschaft" etc., an, sondern vor allem auf die Selbstverpflichtung der Einrichtung, Qualitätsziele messbar zu machen, sie regelmäßig zu überprüfen, fortzuschreiben und zu überwachen.
Bei der Qualitätspolitik handelt es sich demnach um eine konkretisierte Umsetzung der

Was ist „Qualitätspolitik"?

Die Qualitätspolitik sollte im Qualitätshandbuch niedergelegt sein.

Mögliche Punkte einer Qualitätspolitik sind,

- dass Sie Kundenanforderungen in den Mittelpunkt stellen,
- in welche Richtung sich Mitarbeiter entwickeln können,
- welche Ressourcen Sie zur Verfügung stellen,
- die Verpflichtung zur ständigen Verbesserung.

Wichtig ist, dass diese Leitlinien

- verständlich formuliert und
- mit quantifizierbaren Zielen hinterlegt werden, dass praktisch danach gehandelt werden kann.

(aus: www.iso9001.qmb.info/)

im Leitbild formulierten Zielperspektiven. Bei deren Fixierung muss vor allem darauf geachtet werden, dass nichtssagende bzw. allumfassende Formulierungen vermieden werden. Diese würden nämlich die Glaubwürdigkeit der gesamten Einrichtung unterminieren. Sie würden dazu beitragen, dass eine Rhetorik entsteht, die zwar bei offiziellen Anlässen dazu dienen kann, die Einrichtung im besten Licht erscheinen zu lassen. Nach innen aber würden sie – angesichts der Kluft von Schein und Wirklichkeit – vor allem die Motivation der Mitarbeiterinnen und Mitarbeiter untergraben, da diese natürlich spüren würden, dass letztendlich alles oder vieles nur „Show" ist.

Steuerung über Kennzahlen

Nachdem sich bisher viele soziale Einrichtungen intensiv mit den eher fachlichen Fragen des Qualitätsmanagements auseinandergesetzt haben, treten jetzt aufgrund des hinzukommenden Drucks, möglichst beste Ergebnisse zu erzielen, andere Aspekte in den Vordergrund. Dazu gehören insbesondere Bemühungen, die obersten Ziele, deren Umsetzung in einzelnen Geschäftsbereichen sowie den damit verbundenen Ressourceneinsatz durch „Kennzahlen" miteinander zu verbinden. Diese wiederum dienen der Unternehmensleitung zur Überwachung der Zielerreichung.

Alle Aktivitäten des Unternehmens werden aus vier Perspektiven betrachtet:

- Finanzperspektive
  (Wie sehen die finanziellen Vorgaben für das Unternehmen aus?)

> Ziel der Qualitätspolitik ist die optimale Gestaltung des Bildungs-, Erziehungs- und Betreuungsangebotes sowie die Gewährleistung einer hohen pädagogischen Qualität. Die Erwartungen der Kinder, der Eltern sowie des Umfeldes an den Kindergarten werden kontinuierlich erhoben, reflektiert und das Angebot darauf abgestimmt. Durch regelmäßige Befragungen von Eltern und die Auswertung der Interessen der Kinder wird gewährleistet, dass sich das Angebot an den Bedürfnissen der Nutzer orientiert.

- Kundenperspektive
  (Wie sehen uns die Kunden?)
- Prozessperspektive
  (In welchen Prozessen müssen wir uns auszeichnen, um Erfolg zu haben?)
- Lern- und Innovationsperspektive
  (Wie stärken wir unsere Fähigkeit, uns zu verändern und zu verbessern?)

Die auf den Kindergarten bezogene Umsetzung eines solchen, an Kennzahlen orientierten Managements könnte z. B. in Form einer Balanced Scorecard erfolgen.

Wie das von uns auf der folgenden Seite konstruierte Beispiel zeigt, ermöglichen es Kennzahlen, die Ziele einer Einrichtung zu operationalisieren und dadurch offen zu kommunizieren. Die Gesamtaufgabe wird von den obersten Zielsetzungen auf Teilziele „heruntergebrochen“, und die Mitarbeiterinnen und Mitarbeiter wissen jetzt genauer, was von ihnen im Einzelnen erwartet wird. Damit werden nicht nur Leistungen identifizier- und messbar, es werden zugleich auch Erfolge erkennbar. Diese stärken wiederum die Motivation der Mitarbeiterinnen und Mitarbeiter, da sie jetzt erkennen können, inwiefern sie selbst mit einem messbaren Beitrag die Umsetzung der Gesamtstrategie der Einrichtung gefördert haben.

Die Entwicklung einer solchen Balanced Scorecard (zu deutsch: ausgewogene Wertungsliste) geschieht in insgesamt sieben Schritten (siehe S. 71).

Allerdings zeigt das Beispiel auch die Gefahr auf, dass durch Kennzahlen die quantitative Messbarkeit von Zielen zu sehr in den Mittelpunkt der Aufmerksamkeit gerückt wird. Wichtige qualitative Aspekte drohen dann nicht mehr berücksichtigt zu werden, da alle Mitarbeiterinnen und Mitarbeiter nur noch auf die Erfüllung der Kennzahlen achten. Außerdem muss berücksichtigt werden, dass mit dieser Steuerungsweise eine klare Top-Down-Umset-

Perspektive	Ziel	Kennzahl	Vorgabe für 2007	Maßnahmen
Finanzen	Optimale Auslastung der Kita	15 % Krippenkinder 70 % Kindergartenkinder 5 % Kinder mit Behinderungen 10 % Schulkinder	10 % 80 % 0 % 10 %	Bau geeigneter Räumlichkeiten, Verstärkung der Werbemaßnahmen, Kreditaufnahme
Kunden	Elternzufriedenheit	Gesamtzufriedenheit 90 % gut bis sehr gut 80 % Teilnahme am Elterngespräch	85 % 60 %	Erhebung von Elternwünschen, Einführung eines Beschwerdemanagements, Elternabend/ Elterninformation
	Kinderzufriedenheit	90 % Anwesenheitsquote 40 % Beteiligung am Nachmittagsangebot	85 % 30 %	Erhöhung der Attraktivität der Angebote, Durchführung von Kinderkonferenzen
Prozesse	Optimales Nachmittagsangebot	3 Wahlangebote	3	Entwicklung eines Konzepts
	Mahlzeiten	Optimierung der Teilnahme am Mittagessen 50 %	40 %	Verbesserung der Sachausstattung, Informationselternabend
Potenziale	Elterngespräch	Zertifikat für 100 % der Mitarbeiterinnen und Mitarbeiter	60 %	Erhöhung der Mittel für die Fortbildung
	Präsentation/ Gesprächsführung	50 % Teilnahme an entsprechender Fortbildung	50 %	Veranstaltung eines Inhouse-Seminars

Beispiel für eine Balanced Scorecard im KiTa-Bereich

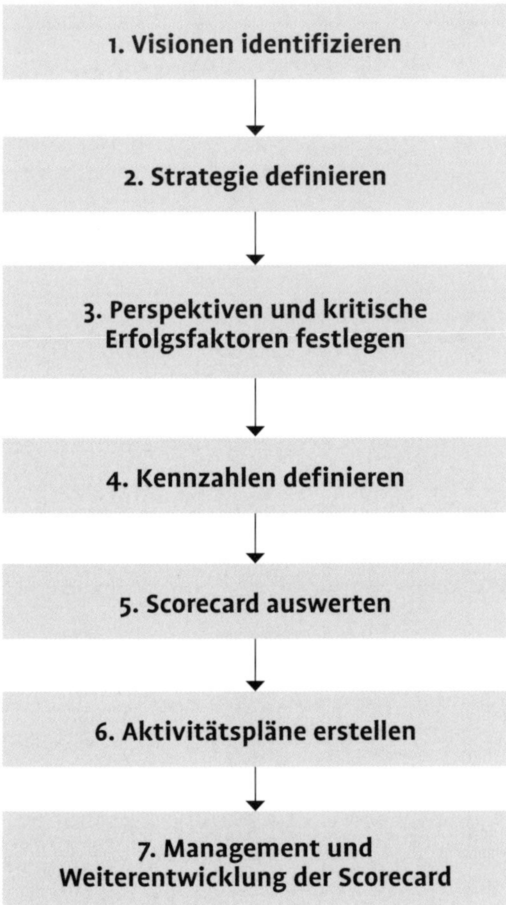

Schritte bei der Entwicklung einer Balanced Scorecard (siehe: www.qpr.com/German/BalancedScorecard.html?gclid=CPiY9KPlpoQCFSMY)

zung (d. h. von der Leitungsebene nach unten) verbunden ist, die den Freiheitsgrad der einzelnen Mitarbeiterin bzw. des einzelnen Mitarbeiters erheblich einschränken kann. Insofern sollten die Einrichtungen Kennzahlen auch nur da verwenden, wo sie wirklich sinnvoll und angezeigt sind, sich ansonsten aber stärker auf qualitative Verfahren im Sinne von „Ziel/Maßnahmen-Verknüpfungen" verständigen.

Unternehmenskultur und Motivation

Leitbild, Qualitätspolitik und Kennzahlen können sich als wichtige Instrumente zur Unternehmenssteuerung erweisen. Bei ihrem Einsatz muss allerdings stets darauf geachtet werden, dass dabei das für den Erfolg einer jeden Organisation konstitutive Element der „Motivation" der Mitarbeiterinnen und Mitarbeiter nicht durch ungeschickte oder unrealistische Formulierungen zerstört wird.
Für den Träger kommt es in diesem Zusammenhang darauf an, ein Umfeld zu bieten, in dem Mitarbeiter motiviert arbeiten können und wollen. Erst da, wo dies der Fall ist, können für das Unternehmen positive Folgen

entstehen, wie z. B. eine Reduktion des Krankenstands, eine Verringerung der Fluktuation guter Mitarbeiterinnen und Mitarbeiter sowie eine Verbesserung der Servicequalität (siehe hierzu auch: Loffing u. a., 2006).

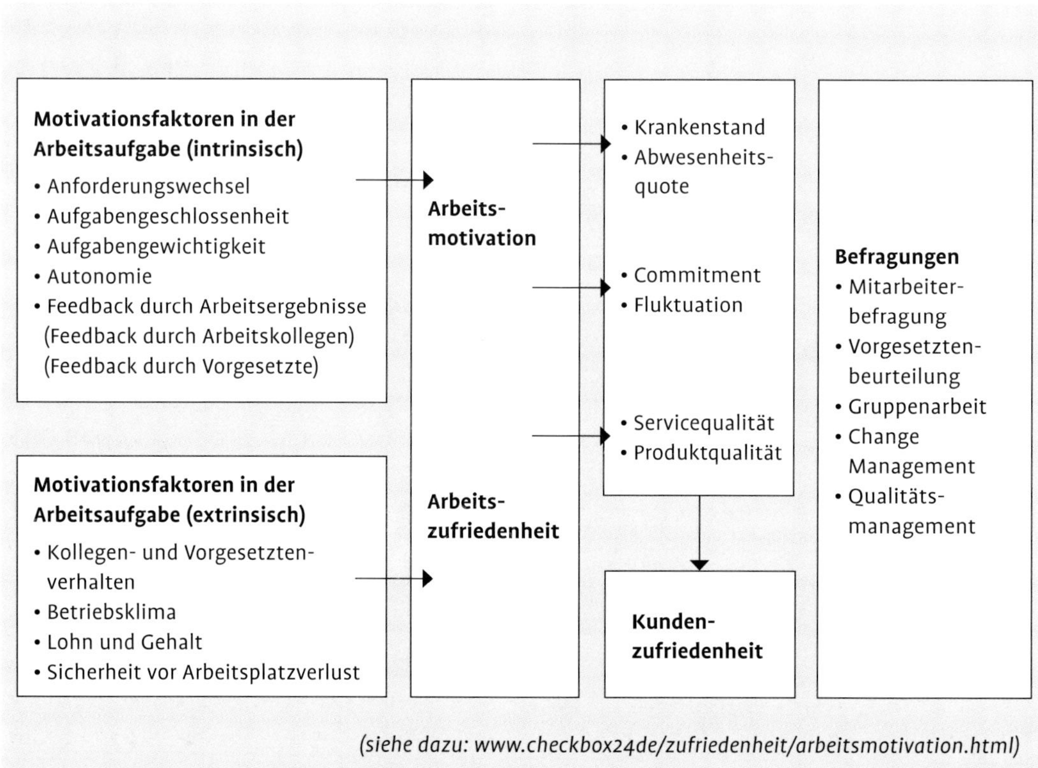

Motivationsfaktoren und deren Auswirkungen

Um diese Effekte zu erreichen, gilt es, Anreize zu setzen. Diese werden in der Regel in extrinsische und intrinsische unterschieden.

Extrinsische Anreize können sehr stark von Organisationsmaßnahmen beeinflusst werden und sind daher für Träger besonders interessant. Allerdings kann die Wirkung solcher Maßnahmen sehr schnell nachlassen.

- Kollegenverhalten: Die sorgfältige Auswahl von neuen Mitarbeiterinnen und Mitarbeitern sowie das Vorhandensein von wichtigen Regeln im Umgang mit internen und externen Kunden tragen zu einem optimalen Verhalten bei. Insbesondere ungünstige Arbeitsabläufe und überfordernde Rahmenbedingungen können das Verhalten ansonsten motivierter Kolleginnen und Kollegen allerdings auch negativ beeinflussen.
- Vorgesetztenverhalten: Sind Mitarbeiterinnen und Mitarbeiter mit dem Verhalten ihrer Vorgesetzten unzufrieden, so bremst dies sehr schnell ihre Leistungsfähigkeit. Geeignete Trainings und Coaching helfen, das Verhalten des Vorgesetzten zu verbessern. Absolut unverzichtbar für gute Ergebnisse ist ein freundliches, an klaren Kriterien orientiertes und transparentes Führungsverhalten.
- Lohn und Gehalt: Eine angemessene und gerechte Entlohnung für die Arbeitsleistung sollte gewährleistet sein. Ein klarer Bezug zwischen individueller Leistung und dem Verdienst muss erkennbar bleiben. Leider nur langsam voranschreitende Veränderungen im Gehaltsgefüge des öffentlichen Dienstes (Stichwort: Leistungsorientierung) weisen hier auch im Bereich Kindertagesstätten zumindest in die richtige Richtung. Die inzwischen viel diskutierten tariflichen Kürzungen tragen jedoch sicher nicht zur Bindung der guten und sehr guten Mitarbeiterinnen und Mitarbeiter an die Einrichtung bei.
- Sicherheit des Arbeitsplatzes: Angst um den Arbeitsplatz ist kaum kontrollierbar und unterwandert nachhaltig die eigene Motivation, die Arbeit gut auszuführen. Gerade in Zeiten, wo Einrichtungen Gruppen schließen und Öffnungszeiten reduzieren müssen, kommt es darauf an, dass der Träger seine Bemühungen deutlich sichtbar werden lässt, die Arbeitsplätze der Mitarbeiterinnen und Mitarbeiter zu erhalten. Zugleich sollte der Träger seinen Mitarbeiterinnen und Mitarbeitern durch eine vertrauensvolle und ehrliche Information

ein klares Bild von der Bestandssicherheit ihrer Arbeitsplätze vermitteln.

Die intrinsischen Faktoren sind untrennbar mit der Arbeitsaufgabe selbst verknüpft. Sie lassen sich nicht verändern, ohne die Arbeitsaufgabe selbst zu modifizieren.

- Anforderungswechsel: Sie erlauben es den Mitarbeitern, wechselnde Tätigkeiten auszuführen. Dadurch wird Monotonie vermieden und flexibles Verhalten gefördert, gleichzeitig wächst die Entscheidungsautonomie der Mitarbeiter (sog. „job enrichment").
- Aufgabengeschlossenheit: Die Mitarbeiterinnen und Mitarbeiter sollten keine isolierten Tätigkeiten ausüben müssen und erkennen können, in welcher Weise sie am Zustandekommen eines bestimmten

Produkts mitgewirkt haben. Im Kindergartenbereich sollte insbesondere bei den Arbeitsaufgaben für Zweit- und Hilfskräfte auf diesen Aspekt geachtet werden.

- Wichtigkeit der Aufgabe: Die Mitarbeiterinnen und Mitarbeiter wollen erkennen, welchen wahrgenommenen Gewinn eine Tätigkeit für den Nutzer hat. So wird z. B. der Sinn einer Vorbereitung auf das Elterngespräch für die einzelnen Erzieherinnen und Erzieher klarer, wenn sie wissen, welche Bedeutung dieses Gespräch für die Eltern haben kann.
- Autonomie: Dies bedeutet die Option, möglichst selbstständig über die Ausführung der Arbeit entscheiden zu können (was, wann, wie, mit wem etc.). So wird z. B. die Arbeit im Qualitätszirkel so angelegt, dass für die Arbeitsgruppe inhaltliche und methodische Freiräume entstehen, die sie selbst nutzen können.
- Rückmeldung durch Arbeitsergebnisse und Personen: Eigenständig durchgeführte Qualitätskontrollen und externe Feedbacks geben rasche Rückmeldung und erlauben es, mögliche Fehlerquellen schnell zu beheben. Teamgespräche tragen dazu bei, die eigene Arbeit zu reflektieren und zu verbessern.

Zwölf einstellungspsychologische Motivationsquellen für Arbeit und Leistung

1. Betätigung: Ich mache, tue, handle.
2. Gestaltung: Ich gestalte, forme, verarbeite.
3. Kreativität: Ich entwickle, kreiere, erfinde.
4. Kompetenz: Ich kann etwas, bin fähig.
5. Behauptung: Ich bewähre, behaupte, beweise mich.
6. Erfolg: Ich erziele, erreiche, vollende etwas.
7. Lohn: Ich bekomme, erhalte etwas.
8. Geltung: Ich gelte etwas, bin wichtig, werde gebraucht.
9. Erwartung: Ich gehöre dazu, erfülle die Erwartungen.
10. Bedeutung: Ich tue etwas Wichtiges und Nötiges.
11. Sinn: Ich erlebe Sinn und Nutzen.
12. Kontrast: Ich verändere, wechsle ab, schaffe die Kontrastvoraussetzung

(aus: www.sgipt.org/gip/allpsy)

Optimierung der Organisationsstruktur

Die neuen Herausforderungen machen es notwendig, dass die Kindertagesstätte in allen ihren Entscheidungen möglichst schnell handelt. Die Voraussetzungen dafür sind insbesondere dann gegeben, wenn sich die Organisationsstruktur der Einrichtung an folgenden Merkmalen orientiert:

- Einem situationsbezogenen Führungsstil, der auf Persönlichkeits- und Fachautorität basiert,
- einem hohen Grad an Delegation, der durch klar definierte Verantwortungs- und Befugnisbereiche sowie Kommunikationslinien abgesichert ist,
- einem gemeinsamen Verständnis davon, dass eine nur flach hierarchisierte Teamarbeit die effektivste Form ist, um eine Weiterentwicklung der Qualität innerhalb der Organisation zu erreichen.

Dabei ist die Art der Organisationsstruktur einer Einrichtung immer im Zusammenhang mit ihrer Größe, Zielsetzung und Aufgabenstellung sowie der Zusammensetzung des Teams zu sehen. Je größer eine Einrichtung, desto effizienter und damit konstanter muss die Organisationsstruktur sein, d. h., bei einer mehrgruppigen Kindertageseinrichtung sind klar und detailliert definierte Organisationsstrukturen notwendig, um das Aufgabenfeld zuverlässig zu bewältigen. Das Gleiche gilt natürlich auch für einen Träger mit mehreren Einrichtungen.

Die Organisationsstruktur sollte auch dazu beitragen, das Motivationsniveau der Mitarbeiter zu unterstützen. Leistungsbereitschaft, Leistungsfähigkeit und Arbeitszufriedenheit hängen mit der situationsgerechten Erfüllung unterschiedlicher Bedürfnisse von Mitarbeitern zusammen: Manche Mitarbeiterinnen und Mitarbeiter legen viel Wert auf Sicherheit, benötigen klare Regelungen und erwarten begrenzte, überschaubare Ermessensspielräume; andere wiederum legen Wert auf Selbstentfaltung; sie benötigen deshalb mehr Kompetenzen zur Erfüllung innovativer Aufgaben. Optimal ist eine Organisationsstruktur, bei der beide Aspekte – Sicherheit und Selbstentfaltung – Berücksichtigung finden und in der Aufgabenbereiche nach diesen Gesichtspunkten individuell verteilt werden.

Eine Kombination aus „Netzwerk-“ und „Team-Organisation“ scheint den Anforderungen an eine passende Organisationsform für Kindertageseinrichtungen am besten zu entsprechen. In einer Netzwerk-Organisation werden Gruppenteams gebildet, die im Rahmen einer flachen Hierarchie zu einem Gesamtsystem vernetzt werden. Neben den Gruppenteams gibt es Arbeitsgruppen (oder Einzelpersonen), die sich bestimmten Schwerpunkten widmen, und die anderen Teams durch die Erledigung übergreifender Aufgaben oder durch spezielles Wissen unterstützen. Die verstärkte Teamarbeit fördert „vernetztes“ bzw. „hausübergreifendes“ Denken (gegenüber dem „gruppenbezogenen“ Denken). Die Variabilität dieses

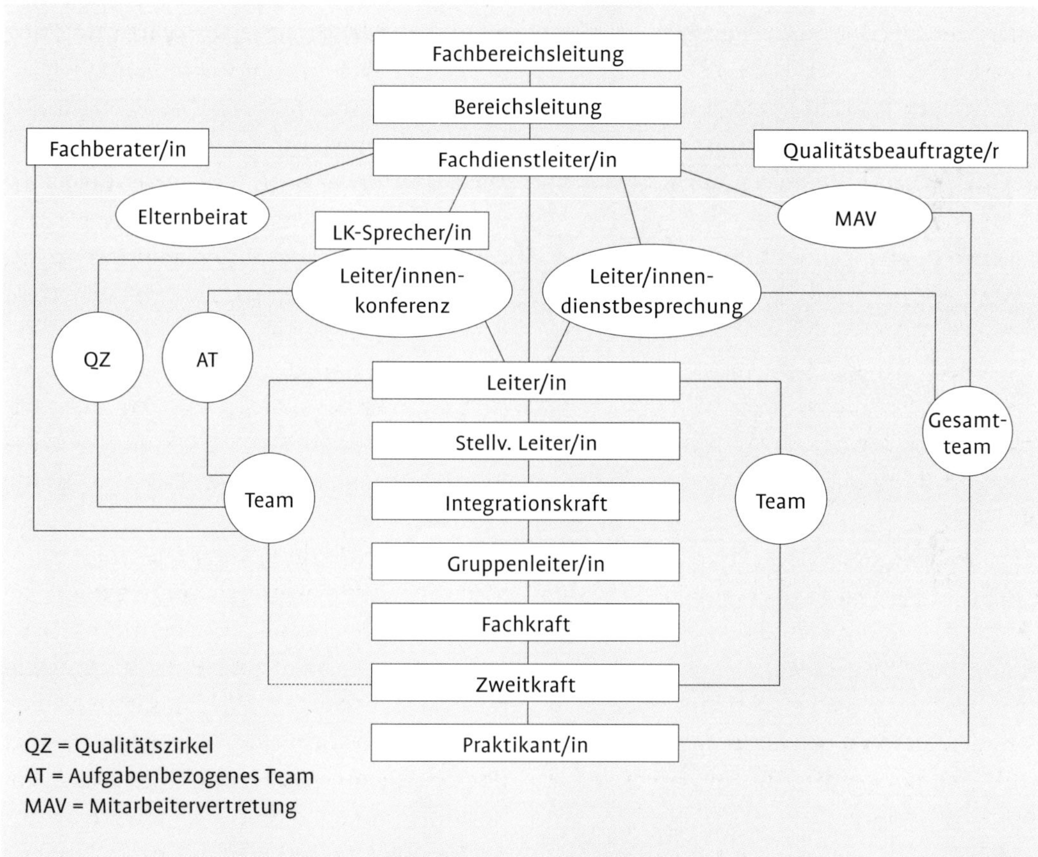

Organigramm eines Trägerverbundes mit ca. zehn Einrichtungen

Modells ermöglicht eine Ausrichtung der Organisationsstrukturen auf ganzheitliche Aufgabenstellungen, zudem wird dadurch die Reibungslosigkeit der Prozessabläufe unterstützt.

Beide Organisationsformen weisen den Mitarbeiterinnen und Mitarbeitern einen festen „Platz“ sowohl im Gruppenteam als auch in gruppenübergreifenden Teams zu. Alle Teammitglieder sind auch im Gesamtteam vertreten, dort werden alle grundsätzlichen Fragen diskutiert und entschieden. Diese Entscheidungen sind dann für alle verbindlich. Die Verantwortung für die Führung des Gesamtteams liegt bei der Leitung.

Mit der Delegation von Aufgaben ist auch die Delegation der dazu notwendigen Entscheidungsbefugnisse verbunden. Führungsverantwortung kann jedoch nicht delegiert werden, d. h., die Mitarbeiterin bzw. der Mitarbeiter trägt nur die Handlungs- und Sachverantwortung. Es liegt also in der Verantwortung des Delegierenden, Aufgaben genau an diejenigen Mitarbeiterinnen und Mitarbeiter zu übertragen, denen die Erfüllung (zeitlich, fachlich, organisatorisch) möglich ist. Dazu müssen aber die notwendigen Informationen, Mittel und Befugnisse zur Verfügung gestellt werden. Personen mit Leitungsfunktion (Gruppenleitung (siehe S. 79), Gesamtleitung, auch Praktikantenanleitung) sollten immer wieder überprüfen, ob das Ausmaß an Delegation in Bezug auf die Motivation, die Entwicklungsförderung und die Zufriedenheit der Mitarbeiterinnen und Mitarbeiter angemessen ist.

Gruppenleiter/in

Verantwortungsbereich

Der/Die Gruppenleiter/in ist direkt dem/der Kindertagesstättenleiter/in unterstellt. Der/die Gruppenleiter/in trägt die Verantwortung für die pädagogische und organisatorische Arbeit in seiner/ihrer Gruppe, insbesondere für die Umsetzung der Konzeption im pädagogischen Alltag, die dazugehörigen Elternkontakte, die Vollständigkeit der Dokumentationsunterlagen sowie die Pflege von Kontakten zu anderen Institutionen.

Aufgaben

Der/Die Gruppenleiter/in nimmt folgende Aufgaben wahr:

- Sicherstellung der Umsetzung der Konzeption auf Einrichtungs- und Gruppenebene
- Vorbereitung, Durchführung und Reflexion von pädagogischen Angeboten
- Beobachtung und Lenkung der Gruppe während des Freispiels
- Dokumentation der Leistungserbringung
- Beobachtung, Einschätzung und Dokumentation des Entwicklungsstands jedes einzelnen Kindes der Gruppe
- Gestaltung der pädagogischen Arbeit auf Einrichtungs- und Gruppenebene
- Pflege des Dokumentationssystems
- Zusammenarbeit mit den Eltern
- Zusammenarbeit mit dem Gesamtteam
- Anleitung von Praktikanten/innen
- Einarbeitung von neuen Mitarbeitern/innen
- Zusammenarbeit mit anderen Institutionen
- Teilnahme an Dienstbesprechungen und Fortbildungen

Befugnisse

Der/Die Gruppenleiter/in hat folgende Befugnisse:

- Letztverantwortung für alle die Gruppe betreffenden Entscheidungen
- Mitsprache und ggf. Entscheidung über Materialanschaffung sowie Verwaltung des zur Verfügung gestellten Gruppenetats

Werthaltung

Der/Die Gruppenleiter/in

- handelt entsprechend der Konzeption der Einrichtung,
- arbeitet kooperativ, ziel- und teamorientiert.

Mitgeltende Unterlagen

- Konzeption der Einrichtung
- Rahmenplan für Bildung und Erziehung im Elementarbereich
- PÄD-QHB II: Entwicklungsdokumentation
- QHB-II-Leitfaden: Übergang Kita – Schule
- QHB-II-Dokumentation: Übergang Kita – Schule

Freigegeben am	Unterschrift	Nächste Überprüfung am

Klärung der Etat- und Finanzstruktur

Eine entscheidende Determinante bei der Gestaltung des Leistungsangebots einer Einrichtung ist der finanzielle Rahmen. Die Finanzierung von Tageseinrichtungen für Kinder unterliegt landesrechtlichen Regelungen (siehe dazu den folgenden Abschnitt „Kindertagesstättenleitung und strategisches Management“ sowie das Beispiel 2 in Kap. V).

Im Hinblick auf zu erwartende Einnahmen sind jetzt in den einzelnen Bundesländern durch Festlegung von Entgeltvereinbarungen klare Regelungen getroffen worden. Da, wo Kosten im Einzelnen nicht gedeckt werden können, müssen nun die Elternbeiträge erhöht werden. Ist das nicht möglich bzw. sinnvoll, dann muss der Träger in die eigene Tasche greifen, zumindest, sofern er nicht über Sponsoren, Eigenleistungen oder Spendenmittel verfügt, die dafür eingesetzt werden können (Bock/ Timmermann, 2000; Spieß/Wrohlich, 2005).

Um der Leitung und den Mitarbeitern den bestmöglichen Mitteleinsatz zu ermöglichen, ist die Vorgabe eines Gesamtbudgets durch den Träger sinnvoll. Im Rahmen von Teilbudgets werden dann die einzelnen Ausgabeposten segmentiert, wobei den Verantwortlichen gewisse Spielräume überlassen werden, um die Posten gegenseitig zu decken.

Um den Erfolg der Budgetierung zu gewährleisten, sind eine Reihe von Voraussetzungen zu erfüllen:

- Klare Zielvorgaben durch den Träger (Kontraktmanagement) und darauf aufbauende Finanzplanung.
- Schulung und umfassende Information der Leitung und aller mit dem Budget der Einrichtung befasster Mitarbeiterinnen und Mitarbeiter.
- Aufgabenteilung und Delegation von Verantwortung auch innerhalb der Einrichtung.
- Unterstützung der Einrichtung durch den Träger bei „fachfremden“ Verwaltungsbereichen (z. B. Vergabe von Reinigungsarbeiten etc.) sowie durch die Möglichkeit, auf Trägerebene ausgehandelte Rahmenverträge zu nutzen.
- Regelmäßiger Abgleich der Budgetsituation mit den inhaltlichen und zahlenmäßigen Zielvorgaben innerhalb der Einrichtung und ggf. Veranlassung von Korrekturmaßnahmen (internes „Controlling“).
- Regelmäßige Berichterstattung der Einrichtung an den Träger über den Stand des

Budgets sowie rechtzeitige Meldung von Budgetabweichungen.

Fundraising

Als sicher kann angenommen werden, dass die vom Staat zur Verfügung gestellten Mittel für die Vorhaltung einer hohen Qualität immer weniger ausreichen werden. Daher besteht die Notwendigkeit, über ein systematisches Fundraising solche Unterstützer, Förderer, Interessenten etc. zu gewinnen, die bereit und in der Lage sind, der Einrichtung mehr oder weniger regelmäßig Spenden, Materialien, Hilfen etc. zukommen zu lassen.

Fundraising muss folglich strategisch und operativ geplant und dann systematisch in die Praxis umgesetzt werden. Die erzielten Ergebnisse werden analysiert und geben Hinweise auf Verbesserungsmöglichkeiten, wodurch der nächste Prozess der Planung, Umsetzung und des Controlling angestoßen wird. Gerade dieses „systematische" Element des Fundraising wird in vielen Einrichtungen noch immer vernachlässigt. Man „ergattert" hin und wieder eine Spende, sammelt für die Tombola etc., aber oftmals gelingt es nicht, die Zuwendungen auf Dauer zu stellen. Damit aber können diese nicht in die mittel- oder langfristigen finanziellen Planungen und Investitionsentscheidungen miteinbezogen werden (Zeller, 2001; Kindergarten heute, 2002).

Gelingt es der Einrichtung, über ihr Leitbild ihre Mission eindeutig und positiv zu positionieren, dann ist sie in der Lage, Menschen zu suchen und zu finden, die ihre Ziele teilen und deshalb bereit sind, Ressourcen zur Verfügung zu stellen. Solche Ressourcen sind Geld, Sachmittel, freiwillige kostenlose Mitarbeit, politische Unterstützung, Empathie und emotionale Unterstützung etc.

In der Regel erhalten die Unterstützer nur eine immaterielle Belohnung für ihr großzügiges Verhalten, z. B. einen Dankesbrief, eine Einladung zur Jahresversammlung, zum Gartenfest etc., da alle anderen Formen der „Vergütung" steuerpflichtig wären. Heute konzentriert sich das Management des Fundraising zunehmend auch auf Großspender, auf Erblasser und Erben sowie Stiftungen. Hier kommt dem Träger die Aufgabe zu, die Einrichtung nach außen optimal zu vertreten, um das Vertrauen bei potenziellen Spendern aufzubauen und zu erhalten. Bindungen können hier vor allem aufgebaut werden, wenn:

- die Einrichtung Förderer gut betreut und auf deren Anliegen reagiert,
- mit Förderern persönlich kommuniziert und anonyme Strukturen und Kontakte möglichst ganz verhindert,
- eine spezielle, leistungsfähige Datenbank die Arbeit unterstützt,
- die Einrichtung nie vergisst, sich zu bedanken.

Von Social Sponsoring spricht man, wenn ein (Wirtschafts-)Unternehmen aus Eigeninteressen heraus, z. B. um in der Öffentlichkeit gut dazustehen oder auf sich aufmerksam zu machen, eine Einrichtung langfristig oder im Rahmen eines bestimmten Projekts unterstützt. Wichtig bei dieser Form des Sponsoring ist es, dass die unterstützende Firma durch die damit verbundene Werbung einen Imagegewinn erzielt (ein kommerzielles Angebot zur Unterstützung von Kitas bei der Suche nach alternativen Finanzquellen in den Bereichen Spiel- und Beschäftigungsmaterial, Einrichtungsgegenstände, Außenspielplätze und neue Gruppenräume bietet z. B. www.kindergartensponsoring.de/index1.htm).

Von großer Bedeutung ist in diesem Zusammenhang die Abstimmung solcher Finanzierungsprojekte mit dem Profil und den Zielen der Einrichtung. Gelungene Projekte können neben der erwünschten finanziellen Unterstützung auch für das Image und das Profil der Einrichtung gewinnbringend sein. Der Kreativität und dem Ideenreichtum sind hier keine

Ein Beispiel für ausgeprägtes Sponsoring im Rahmen einer öffentlich-privaten Partnerschaft bietet die Stadt München unter dem Stichwort „Öffentlich-Private Partnerschaften – ÖPP / Firmenkooperation“ an. Dieses Modell wird derzeit in sieben Kinderkrippen und einem Kindertageszentrum angewendet; kooperierende Firmen und Organisationen sind z. B. BSH Bosch und Siemens Hausgeräte, die Fraunhofer-Gesellschaft, die Fachhochschule München, das Deutsche Patent- und Markenamt und Bristol-Myers Squibb.

„Die Firma stellt [dabei] ein Objekt, sucht sich einen Wunschträger (freien Träger oder Verein oder die Landeshauptstadt München), kümmert sich um Architektin/Architekt und den Um- oder Neubau. Die Landeshauptstadt München berät beim Um-/Neubau, geht die Planungen mit der Architektin/dem Architekten gemeinsam durch, verhandelt mit der Firma über deren Kostenbeitrag. Die Firma bekommt maximal die Hälfte der Plätze (z. B. Einrichtung mit 48 Plätzen: 24 Firma, 24 Landeshauptstadt München) und sollte die Hälfte der laufenden Kosten für ihre Plätze tragen.“

(siehe: www.muenchen.de/Rathaus/soz/stadtjugendamt/Kindertagesbetreuung/oepp-firmen/1b3832/index.html)

Grenzen gesetzt. Folgende Fragen helfen zu prüfen, welche Ideen sinnvoll sind:

- Stimmt unser Vorhaben mit unseren Leitzielen und konzeptionellen Grundlagen überein? Dient es der Umsetzung dieser Ziele?
- Wie wird das Image unserer Einrichtung durch das Projekt beeinflusst? Welche Meinung haben Eltern, Personal und Träger dazu?
- Wie sieht die Relation von Aufwand und Nutzen aus?

Kindertagesstättenleitung und strategisches Management

Ständige Anpassung des Angebots an den Bedarf

Die Definition der Aufgabenstellung einer Kindertageseinrichtung ist im § 22 KJHG sehr offen gehalten. Dort wird nämlich weder etwas über die Öffnungszeiten noch über die genaue Zusammensetzung der Kindergruppen oder über die konkreten Beteiligungsmöglichkeiten der Eltern etc. ausgesagt. Deshalb ist es wichtig, dass sich die Leitung der Einrichtung, die ja für die strategische Ausrichtung der Kindertagesstätte verantwortlich ist, im Rahmen ständiger (Daten-)Analysen mit der allgemeinen Situation und den möglichen Erwartungen aller Beteiligten bezüglich der konzeptionellen und strukturellen Ausrichtung auseinandersetzt. Da, wo es ihr sinnvoll erscheint, muss die Leitung alle zur Verfügung stehenden Erkenntnisse in ihre Überlegungen miteinbeziehen, auch wenn letztendlich der Träger für die Gesamtausrichtung der Kindertagesstätte verantwortlich bleibt.

Untersucht werden muss dabei insbesondere, welche Kinder und Familien die Einrichtung nutzen könnten, in welchem Umfeld sie sich befindet (z. B. örtliche Gegebenheiten, Infrastruktur), welches Personal dort arbeitet, wie die gegenwärtige Ausgangslage aussieht und welche Erwartungen und Anforderungen vonseiten des Trägers und sonstiger beteiligter Institutionen (Aufsichtsbehörde, Kommune usw.) bestehen. Bei dem komplexen Geflecht, das eine Kindertageseinrichtung umgibt, wäre eine rein „intuitive" Einschätzung der Lage oder eine Entscheidungsfindung allein „aus Erfahrung" heraus zu ungenau und risikoreich.

Um ein möglichst detailliertes Bild von der Situation und den Entwicklungsmöglichkeiten einer Einrichtung zu bekommen, müssen also mit Hilfe von Analysen und Befragungen konkrete Daten erhoben werden (Miller, 2001). Anschließend müssen diese Daten auf ihre finanzielle und organisatorische Machbarkeit hin überprüft werden. Folgende Schritte bieten sich dabei an:

1. Schritt: Die Datenanalyse

Die Grundlage hierfür bildet die systematische Situationsanalyse in Form einer „sozialen Landkarte." Folgende Angaben sind in diesem Zusammenhang von besonderer Bedeutung: soziale Daten (die Zusammensetzung der Bevölkerung nach Nationalitäten, Familienformen, Altersstruktur, sozialer Schichtung etc.), „ökologische" Daten (die Wohn- und Verkehrssituation, die Lebenswelt der Kinder, das Vorhandensein von Spielplätzen, gefährliche Straßen etc.), politische Daten (politische Ansprechpartner, Bezirksausschüsse, Kinderbeauftragte etc), institutionelle Daten (eine Übersicht über alle wichtigen sozialen Institutionen eines Stadtteils) und informelle Daten (Übersicht über wichtige Gruppen, wie Vereine, Selbsthilfegruppen, Initiativen etc.).

Offenheit und Lernfähigkeit von Kindertageseinrichtungen zeigen sich vor allem in der Art, wie vorbehaltlos die konkreten Bedingungen des jeweiligen Einzugsgebietes analysiert werden. Immer wieder klagen Einrichtungen über zu unruhige Kinder, über zu schwierige Eltern und über ihr soziales Umfeld. Genau damit aber drücken sie nichts anderes aus als ihre Unzufriedenheit mit ihrer konkreten Situation vor Ort. Richtiger wäre es, sich dieser Situation vorbehaltlos und vorurteilsfrei zu stellen und zu versuchen, darauf mit einem Konzept zu reagieren.

2. Schritt: Die Marktanalyse

Die Ergebnisse der Datenanalyse müssen dann im Hinblick darauf geprüft werden, inwiefern der festgestellte Bedarf nicht bereits durch das vielleicht schon bestehende Netz von Kindertages- und Betreuungseinrichtungen im Stadtteil abgedeckt wird. Hier käme es unter Umständen darauf an, die „Lücke" im Angebot zu finden, welche die Entwicklung eines eigenständigen Profils möglich macht und die eigene Einrichtung für den Stadtteil „unverzichtbar" werden lässt.
Herausragende Einrichtungsprofile zeichnen sich dadurch aus, dass sie vom „Regelkindergarten"-Konzept abweichen und eigenwillige, innovative und kreative Angebotsformen beinhalten.

3. Schritt: Die Analyse der eigenen Einrichtung

Die nächste Frage ist, welche Ressourcen innerhalb der eigenen Einrichtung vorhanden sind und welche Fähigkeiten und Interessen von den einzelnen Erzieherinnen und Erziehern bzw. vom Team und vom Träger eingebracht werden. Dies umfasst folgende Punkte:

- Was kann und möchte die Einrichtung den Kindern, ihren Familien und dem Umfeld geben?
- Welche Visionen und Ideale sind vorhanden?
- Welchen Zielgruppen gegenüber besteht eine besonders große Aufgeschlossenheit, und was kann die Einrichtung dazu beitragen, damit Kinder und Eltern „glücklich" werden?
- Welche räumlichen, finanziellen u. a. Ressourcen stehen zur Verfügung?
- Können die mit den bestehenden Zielsetzungen verbundenen gesetzlichen Vorgaben erfüllt bzw. eingehalten werden?

Hierbei kommt es entscheidend darauf an, dass es gelingt, möglichst konkrete „Visionen" bezüglich der Konzeption der eigenen Einrichtung zu entwickeln und diese dann in konkrete Perspektiven umzuwandeln. Auf diese Weise kann eine „kreative Spannung" entstehen, die für den weiteren Konzeptions- und Umsetzungsprozess außerordentlich wichtig ist.

4. Schritt: Die Netzwerkanalyse

Neben der Analyse der eigenen Ressourcen hängt die Entwicklung einer bestimmten Angebotsform auch davon ab, inwiefern im Umfeld der Einrichtung Netzwerkpartner vorhanden sind, die zu deren Umsetzung beitragen können. Dazu gehören z. B. Beratungsstellen und soziale Dienste, Frühförderstellen, Ergotherapeuten, Logopäden sowie Volkshochschulen oder andere Bildungseinrichtungen.

Der Ausbau eines eigenen Netzwerks wird viel gefordert, leider aber kaum systematisch betrieben. Durch Netzwerkpartner aber werden spezielle Informationen zugänglich, Fragen können schnell beantwortet werden und Unterstützung wird möglich. Nur, wenn Einrichtungen über ein starkes Netzwerk verfügen, können sie auch ein optimales Netzwerk für Kinder und Eltern sein: als Hilfe für ein versagendes Netzwerk Familie, als Vermittler an ein anderes Netzwerk (z. B. die Frühförderung), als Partner innerhalb eines größeren Netzwerks oder als Vermittler zwischen auseinandergebrochenen Netzwerken.

5. Schritt: Die Festlegung des eigenen Dienstleistungsangebots

Nach dieser Bestandsaufnahme folgt die Analyse und Überprüfung der Daten und Informationen. Prognostische Aussagen über qualitative und quantitative Entwicklungstrends vervollständigen das Bild. Die einschlägige Zusammenfassung sollte vom Team und vom Träger gemeinsam diskutiert werden.

Die Einbeziehung des Teams in alle Schritte der Bedarfsanalyse ist wichtig, da die Mitarbeiterinnen und Mitarbeiter auf diese Weise einen Einblick in die Hintergründe erhalten, auf deren Basis die späteren konzeptionellen Überlegungen erfolgen. Dabei sollte vor allem die Orientierung an der konkreten Situation von Familien mit ihren unterschiedlichen Problemstellungen im Vordergrund stehen. Nur im Falle der Neugründung einer Einrichtung gibt der Träger auch gleich die Rahmenbedingungen vor, allerdings sollte er sich auch hierbei von Fachberatern und – wenn möglich – der voraussichtlichen neuen Kindergartenleitung beraten lassen.

6. Schritt: Die finanzielle und organisatorische Machbarkeit

Sind genügend Ideen vorhanden, dann können konkrete Szenarien entwickelt und auf ihre Machbarkeit hin überprüft werden. Die Fragen, die hierbei gestellt werden müssen, lauten insbesondere:

- Lässt sich das anvisierte Konzept (über Beiträge, Sponsoren etc.) finanzieren?

- Sind die dafür erforderlichen räumlichen, sächlichen u. a. Voraussetzungen gegeben bzw. können diese leicht geschaffen werden?
- Lassen sich Träger, Team, Eltern etc. für die geplante konzeptionelle Ausrichtung gewinnen?

Im Folgenden ist ein konkretes Beispiel für das Ergebnis eines solchen Analyse- und Planungsprozesses dargestellt:

Die Leiterin eines evangelischen Kinderhauses im Raum Mittelfranken überlegt sich, in welche Richtung sie die bestehende Konzeption ihrer Einrichtung für Kindergarten- und Schulkinder ausbauen soll. Nachdem sie alle oben dargestellten Analyseschritte durchgeführt hat, entwickelt sie folgende Strategie:

- Die Aufnahme von „Kindergarten"-Kindern wird weiter wie bisher durchgeführt und eher noch durch Werbung verstärkt. Der „Kindergarten" gilt als das „Kerngeschäft", um das sich alle anderen Bereiche gruppieren sollen.
- Die Aufnahme von unter Dreijährigen erscheint auf Dauer sinnvoll, denn damit kann die Einrichtung Kinder und Eltern in einem frühen Stadium an sich binden. Die Kinder gewöhnen sich frühzeitig an die Atmosphäre und die Erziehungskultur im Haus und werden damit wichtige „Verbündete".
- Die Einrichtung einer integrativen Gruppe trägt den Wünschen eines Teils der Eltern Rechnung und erlaubt die Ausprägung des christlich-evangelischen Trägerpr ofils. Die Kosten für Umbaumaßnahmen werden teilweise von Spendern und der Kirchengemeinde übernommen.
- Bei den Schulkindern dagegen werden Beschränkungen eingeführt, da eine reine stundenweise (Hausaufgaben-)Betreuung weder finanziell noch konzeptionell sinnvoll erscheint. Sie wird daher nur denjenigen Eltern und Kindern als „Serviceleistung" angeboten, die dem Haus seit langer Zeit verbunden sind.

Die Weiterentwicklung des konzeptionellen Designs

Während der Träger über Leitbild, Qualitätspolitik und Kennzahlen die Grobsteuerung umsetzt, konzentriert sich die Leitung der Einrichtung selbst neben der strategischen Analyse auf die Entwicklung eines konzeptionellen Designs. Wäre dieses aber ausschließlich an beobacht- und damit quantifizierbaren Erfolgskriterien (z. B. der Vollbelegung der Einrichtung) orientiert, so würde das zu einer unzulässigen Vereinfachung und damit Verfälschung der jeweiligen Prozesse und letzten Endes zu einem Motivationsverlust gerade seitens der engagierten Mitarbeiterinnen und Mitarbeiter führen.

Akzeptiert man dagegen eine gewisse Autonomie des pädagogischen Denkens und Handelns, dann kommt es auf dieser Ebene vor allem auf eine fachlich-konzeptionell ausgerichtete Steuerung der einzelnen Prozesse an. Ausgangspunkt des Managements müssen demnach zunächst konzeptionelle und fachliche Fragen sein, und erst, wenn hierüber Einigkeit hergestellt werden konnte, lassen sich auch alle weiteren strukturellen und organisatorischen Fragen angehen und lösen.

Tragende Säule des Organisationssteuerungsprozesses in Kindertageseinrichtungen muss damit die stetige Rückbesinnung auf fachliche Fragestellungen sein. Diese Fragestellungen müssen im Rahmen eines Konzeptionsbildungsprozesses und unter Zuhilfenahme fachlichen Wissens in plausible Argumentationslinien überführt werden. Dabei wiederum gilt es natürlich zu beachten, dass Effekte und Ergebnisse, die sich in einer geeigneten Form als messbar erweisen, auch entsprechend ausgewertet und evaluiert werden müssen.

Ohne eine angemessene Würdigung der konzeptionellen und theoretischen Plausibilität lässt sich kein Profil für eine Kindertagesstätte entwickeln. Auch Eltern wünschen diese

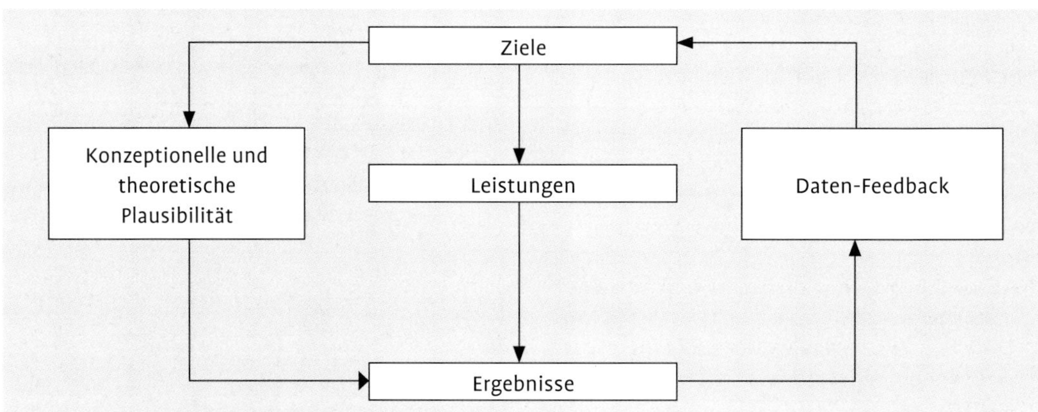

Wichtige Aspekte des konzeptionellen Managements

Erläuterungen, um dadurch nachvollziehen zu können, was in der Einrichtung geschieht. Die Einrichtung sollte daher ihre didaktisch-methodische Konzeption in geeigneter Form schriftlich niederlegen und allen interessierten Gruppen zugänglich machen. Hier ein Beispiel:

Didaktisch-methodische Konzeption

Bei der Gestaltung der pädagogischen Arbeit beziehen wir uns auf ein Menschenbild, das von einem Kind als einem auf Selbsttätigkeit und Selbstbestimmung ausgelegten Wesen ausgeht. Maria Montessoris Grundaussage, dass das Kind „Baumeister seiner Entwicklung" ist, liegt auch unserer Arbeit zugrunde.
Wir setzen unseren Bildungsauftrag um, indem wir die Selbstbildungsprozesse der Kinder in allen Bereichen herausfordern und unterstützen. Das tun wir, indem wir die Themen der Kinder aufgreifen und mit ihnen vertiefen und bildungsrelevante Angebote an die Kinder machen. Dabei gehen wir sowohl von der Lebenssituation der Kinder als auch von unseren Beobachtungen aus
Den vielfältigen Erwartungen tragen wir durch einen mehrdimensionalen didaktisch-methodischen Ansatz Rechnung. Darin kommt insbesondere den folgenden Leistungen eine wichtige Funktion zu:

- der Schaffung einer förderlichen Erziehungs- und Bildungsumgebung
- der Beteiligung der Kinder im Rahmen einer anregungsreichen Projektarbeit,
- der Zurverfügungstellung vielfältiger Angebote zur freien Auswahl
- der Durchführung von Kursen zum Erwerb spezifischer Fähigkeiten und Fertigkeiten
- der regelmäßigen Organisation von Besichtigungen, Exkursionen, Ausflügen zur Erweiterung des Erfahrungsraums und
- der Koordination von Förderangeboten durch Fachdienste

Wir sorgen dafür, dass unsere Kindertagesstätten Orte sozialer Begegnung sind und ermöglichen den Kindern so, sich in der Auseinandersetzung mit anderen zu entwickeln und zu bilden. Ihr Bild von der Welt kann so reicher und umfassender werden. Ebenso machen die Kinder dabei bewusste Erfahrungen mit Normen, Werten, Regeln und Absprachen.

In allen Prozessen steht die Selbsttätigkeit der Kinder im Mittelpunkt, wobei Bewegungsmöglichkeiten und sinnliche Erlebnistätigkeit die Basis bilden. So unterstützen wir die Kinder bei der Entwicklung eines positiven Selbstwertgefühls. Insbesondere im Rahmen der Kinderversammlungen haben die Kinder die Möglichkeit zur Mitsprache und Entscheidung bei der Planung des Kindertagesstättengeschehens.

(Auszug aus dem Qualitätshandbuch der Kindertagesstätten der Seestadt Bremerhaven)

Überprüfung der Ergebnisse im Rahmen des Evaluationssystems

Während die Einschätzung der eigenen Arbeit früher in der Regel auf der Basis von Selbstreflexion, Supervision oder Fallarbeit erfolgte, kommt eine moderne Pädagogik nicht mehr ohne eine Systematisierung und Objektivierung ihrer Bewertungsmaßstäbe aus. Solche Maßnahmen der kontinuierlichen Evaluation dienen sowohl der systematischen Sammlung und Auswertung von Daten für die Qualitätskontrolle als auch der Effektivität und Effizienz des pädagogischen Handelns. Ziel ist dabei nicht nur die kritische Selbstvergewisserung hinsichtlich des eigenen beruflichen Handelns und der Qualitätsentwicklung der eigenen methodischen Arbeit, sondern auch die Feststellung von Wirkungen auf die Klienten und deren Umwelt sowie die Erfassung und Behebung von Fehlern und Beschwerden.

Dabei lassen sich zwei Grundformen der Evaluation unterscheiden: Die summative Evaluation beurteilt zusammenfassend die Wirksamkeit einer vorgegebenen Intervention, während die formative Evaluation regelmäßig Zwischenergebnisse erstellt mit dem Ziel, die laufende Intervention zu modifizieren oder zu verbessern bzw. handlungsrelevantes Wissen zu erzeugen.

Schritte bei der Festlegung und Durchführung eines Evaluationsverfahrens

1. Festlegung der Evaluationsziele
2. Klärung und Schaffung von Voraussetzungen und Bedingungen
3. Bestimmung des Gegenstandes und der Fragestellung der Evaluation
4. Operationalisierung des Gegenstandes, Entwicklung von Bewertungskriterien, Auswahl der Informationsquellen, Entwicklung der Methoden zur Datenerhebung
5. Erhebung und Auswertung der Daten
6. Beurteilung der Evaluationsqualität
7. Verwertung der Ergebnisse

Wichtige Evaluationsmethoden im Bereich der Pädagogik sind:

- Die „Selbstevaluation“, die bereits während der Erbringung einer Leistung durchgeführt werden kann. Kennt der Mitarbeiter die aus einem definierten Qualitätsstandard resultierenden Anforderungen und Werthaltungen, dann kann er sich schon in diesem Stadium daran orientieren und im Falle von Problemen selbst korrigieren.

- Die „gegen- oder wechselseitige Evaluation" setzt voraus, dass im Team eine Atmosphäre herrscht, in der es kaum Konkurrenz zwischen den Mitarbeitern gibt, also ein gutes Arbeitsklima, und dass der Einzelne offen und interessiert für die Meinung und das Feedback der Kollegen ist. Dann können vor dem Hintergrund gemeinsamer und allen bekannter Qualitätsstandards gegenseitige Beobachtungsverfahren bzw. Audits durchgeführt werden. Die Methode des „Feedback" erscheint dabei als eine gute Möglichkeit, den „blinden Fleck" für die betreffende Person aufzudecken. Das Feedback kann angewendet werden, um den Umgang der pädagogischen Fachkräfte mit Eltern oder Kindern systematisch zu reflektieren. Dabei können die Daten zum Feedback aus einer teilnehmenden Beobachtung durch die Kollegen gewonnen werden. Wenn die entsprechenden Rahmenbedingen gegeben sind, kann das kollegiale Feedback außergewöhnlich erfolgreich sein. Denn nicht nur die evaluierte Fachkraft erhält neue Anregungen, auch die Kollegen setzen sich ganz von allein noch einmal mit Fragen der Qualität auseinander und entdecken so unter Umständen für sich selbst Neues und Wichtiges.

  Auf der folgenden Seite ist ein ausführliches praktisches Beispiel für den Ablauf der Evaluation einer Erzieherin durch eine Kollegin dargestellt.
- Die Methode der „Fremdevaluation" bezieht die Nutzer, Adressaten etc. von sozialen Diensten mit ein und ermöglicht mithilfe von Fragebögen, Auswertungsgesprächen oder Audits die Erfassung externer Qualitätsperspektiven. Ein Beispiel dafür findet sich auf Seite 93f.. Voraussetzung dafür ist, dass die Einrichtung sich den Anregungen und der Kritik von außen stellt und dass sie bereit ist, sich wirklich kontinuierlich auf die Interessen ihrer jeweiligen Adressaten hin weiterzuentwickeln. Liegen diese Voraussetzungen vor, dann können Rückmeldungen von Externen eine wichtige Informationsquelle für das Team sein.

Alle im Laufe eines Jahres durchgeführten Evaluationsverfahren werden von der Leitung der Kindertagesstätte im Rahmen der Managementbewertung zusammengefasst und ausgewertet (siehe S. 95f.). Sie dienen ihr als Orientierung für mögliche Weiterentwicklungen und Verbesserungsmaßnahmen und sind zugleich Grundlage des Zielvereinbarungsgesprächs mit dem Träger.

Evaluation des Erzieherinnenverhaltens

Ziel

Die Auswertung des Erzieherinnenverhaltens hat das Ziel, die Qualität des Umgangs der Erzieherin mit dem einzelnen Kind bzw. der Gruppe zu überprüfen und weiterzuentwickeln. Das Erzieherinnenverhalten ist ein wichtiges Element in der gesamten erzieherischen Leistung einer pädagogischen Fachkraft.

Verfahren

Jede Mitarbeiterin sucht sich eine Teamkollegin aus, von der sie sich anhand der Kriterien des Qualitätsstandards eine Rückmeldung wünscht. Die Mitarbeiterin führt ihre Arbeit in der Gruppe durch, die betreffende Teamkollegin beobachtet sie dabei. Nach der Durchführung gibt die Teamkollegin eine Rückmeldung anhand folgender Kriterien:

- Kontakt der Erzieherin zum Kind
- einfühlsames Eingehen auf die Bedürfnisse des Kindes
- partnerschaftlicher und wertschätzender Umgang mit dem Kind
- Einräumen angemessener Handlungs- und Entscheidungsspielräume

Anschließend werden folgende Aspekte noch einmal zusammengefasst:

- Wo könnte sich die Kollegin verbessern?
- Wo hat die Kollegin ihre Stärken?

Die Ergebnisse werden nicht in einem Dokument festgehalten. Jede der beiden Beteiligten macht sich ihre persönlichen Notizen, die evaluierte Erzieherin bewahrt ihre Notizen für zukünftige Verfahren auf, die evaluierende Kollegin vernichtet ihre Notizen nach Gebrauch.

Werthaltung

Die evaluierende Mitarbeiterin

- versucht das Verhalten ihrer Kollegin möglichst genau zu beobachten, aber möglichst wenig zu werten,
- hebt die Stärken der Kollegin hervor und macht konkrete Verbesserungsvorschläge,
- nimmt sich Zeit für die Selbsteinschätzung der Kollegin.

Mitgeltende Unterlagen

- keine

Freigegeben am ____________ Unterschrift ____________ Nächste Überprüfung am ____________

Elternfragebogen (Entlassung)

Liebe Eltern,
nur noch wenige Wochen besucht Ihr Kind unsere Kindertageseinrichtung, dann kommt es in die Schule. Wir nehmen diese Gelegenheit zum Anlass, Ihnen ein paar Fragen zu stellen, die uns helfen, unsere Arbeit zu reflektieren und auch weiterzuentwickeln. Wir bitten Sie, den Fragebogen auszufüllen und ihn an uns zurückzugeben.

Ihr Kindergartenteam

Wie zufrieden sind Sie im Rückblick auf die Kindergartenzeit mit

1. der Entwicklung Ihres Kindes? (Zufriedenheit)
   - ❑ sehr zufrieden
   - ❑ zufrieden
   - ❑ teils/teils
   - ❑ weniger zufrieden
   - ❑ nicht zufrieden

2. der Förderung, die Ihr Kind durch den Kindergarten erhalten hat?
   - ❑ sehr zufrieden
   - ❑ zufrieden
   - ❑ teils/teils
   - ❑ weniger zufrieden
   - ❑ nicht zufrieden

3. der pädagogischen Arbeit der Einrichtung insgesamt?
   - ❑ sehr zufrieden
   - ❑ zufrieden
   - ❑ teils/teils
   - ❑ weniger zufrieden
   - ❑ nicht zufrieden

4. den Angeboten / Projekten
   - ❑ sehr zufrieden
   - ❑ zufrieden
   - ❑ teils/teils
   - ❑ weniger zufrieden
   - ❑ nicht zufrieden

5. den schulvorbereitenden Aktivitäten
   - ❑ sehr zufrieden
   - ❑ zufrieden
   - ❑ teils/teils
   - ❑ weniger zufrieden
   - ❑ nicht zufrieden

6. der Atmosphäre in der Einrichtung?
   - ❑ sehr zufrieden
   - ❑ zufrieden
   - ❑ teils/teils
   - ❑ weniger zufrieden
   - ❑ nicht zufrieden

7. den Rahmenbedingungen (Öffnungszeiten etc.)?
   - ❏ sehr zufrieden
   - ❏ zufrieden
   - ❏ teils/teils
   - ❏ weniger zufrieden
   - ❏ nicht zufrieden

8. der Zusammenarbeit zwischen Eltern und pädagogischen Mitarbeiter/innen?
   - ❏ sehr zufrieden
   - ❏ zufrieden
   - ❏ teils/teils
   - ❏ weniger zufrieden
   - ❏ nicht zufrieden

9. der Zusammenarbeit zwischen Kindergarten und Schule?
   - ❏ sehr zufrieden
   - ❏ zufrieden
   - ❏ teils/teils
   - ❏ weniger zufrieden
   - ❏ nicht zufrieden

10. den Informationen durch das Personal der Einrichtung?
    - ❏ sehr zufrieden
    - ❏ zufrieden
    - ❏ teils/teils
    - ❏ weniger zufrieden
    - ❏ nicht zufrieden

11. dem Kindergarten insgesamt?
    - ❏ sehr zufrieden
    - ❏ zufrieden
    - ❏ teils/teils
    - ❏ weniger zufrieden
    - ❏ nicht zufrieden

... und hier ist noch Platz für Ihre Anmerkungen, Wünsche, Anregungen und Kritik:

____

____

____

____

____

____

____

____

____

VIELEN DANK FÜR'S AUSFÜLLEN !
Wir danken Ihnen für Ihr Vertrauen und wünschen Ihnen und Ihrem Kind alles Gute für den weiteren Lebensweg!

______________	______________	______________
Freigegeben am	Unterschrift	Nächste Überprüfung am

Managementbewertung

Ziel

Die Managementbewertung stellt sicher, dass alle in der Einrichtung für das jeweilige Jahr festgelegten Evaluationsverfahren zusammengefasst und auf ihre Übereinstimmung mit dem Qualitätsmanagementsystem, der Qualitätspolitik sowie den Zielen der Kindertagesstätte hin überprüft werden.

Verfahren

Die im Laufe des Kindertagesstättenjahres durchgeführten Evaluationsverfahren werden gesammelt. Die Leitung fasst alle Ergebnisse dieser Evaluationen zusammen, vergleicht sie mit den Vorjahresresultaten und stellt fest, inwieweit die gesetzten Jahresziele erreicht wurden. Zudem stellt sie die Ergebnisse dem Team vor. Gemeinsam werden dann Verbesserungsmaßnahmen entwickelt und vereinbart. Die Evaluationsergebnisse und Verbesserungsmaßnahmen fließen schließlich in das Zielvereinbarungsgespräch mit dem Träger ein und bilden überdies die Grundlage für den Jahresbericht.

Werthaltung

Die Leitung der Kindertagesstätte
- fasst die Ergebnisse der Managementbewertung übersichtlich zusammen,
- stellt Schwachstellen fest und zeigt Verbesserungspotenziale auf,
- diskutiert offen und konstruktiv mit dem Team.

Mitgeltende Unterlagen

- EVA-Doku: Managementbewertung

______________	______________	______________
Freigegeben am	Unterschrift	Nächste Überprüfung am

Doku: Managementbewertung				**Doku Managem.**
Evaluationsgegenstand	**Verantwortliche/r**	**Häufigkeit**	**Instrument**	**Bewertung (++ / + / o / – / --)**
Elternbefragung (Öffnungszeiten)	Qualitätsbeauftragte/r (Fr./Hr. ……………………………)	jährlich	Doku 15: Elternfragebogen (Öffnungszeiten)	
Elternbefragung (allgemein)	Qualitätsbeauftragte/r (Fr./Hr. ……………………………)	alle drei Jahre	Doku 16: Elternfragebogen (allgemein)	
Elternbefragung (Entlassung)	Qualitätsbeauftragte/r (Fr./Hr. ……………………………)	jährlich	Doku 17: Elternfragebogen (Entlassung)	
Freispiel	Gruppenerzieher/in (Fr./Hr. ……………………………)		Doku 19: Auswertung, Freispiel	
Raum- und Materialgestaltung	Mitarbeiter/in (Fr./Hr. ……………………………)	jährlich	Doku 2: Raum, Materialqualität	
Pädagogische Angebote	Gruppenerzieher/in (Fr./Hr. ……………………………)		Doku 22: Auswertung der pädagogischen Angebote	
Erzieher/innenverhalten	Kollegin/Kollege (Fr./Hr. ……………………………)	alle drei Jahre	Doku 24: Auswertung des förderlichen Erzieher/innenverhaltens	
Freigegeben am	Unterschrift		Nächste Überprüfung am	

Im Bereich der Pädagogik beginnt die häufig noch vorzufindende Skepsis gegenüber den verschiedenen Formen und Methoden der Evaluation auch unter dem Einfluss internationaler Entwicklungen zu schwinden. Denn viele Evaluationsverfahren zielen direkt auf Innovation und Optimierung. Wie wichtig dieser gesamte Bereich inzwischen geworden ist, zeigt sich auch in der Gründung der „Deutschen Gesellschaft für Evaluation“ (DGEval). Dort wird derzeit insbesondere die Fragestellung diskutiert, inwieweit Evaluationsverfahren immer sozialwissenschaftlichen Standards entsprechen sollten oder ob es hier nicht eher darum gehen muss, unterschiedliche Formen (wie z. B. Nützlichkeits-, Durchführbarkeits-, Fairness- und Korrektheits- sowie Genauigkeitsstandards) zu entwickeln.

Dokumentation und Aktenführung

Die zunehmende kritische Aufmerksamkeit hinsichtlich der Leistungen der Kindertagesstätten hat auch zu einer Neugewichtung der Bedeutung geführt, welche die Dokumentation als Voraussetzung für die Planung und die Rückverfolgbarkeit des Geschehenen hat.

Vor allem auf dem Gebiet der Dokumentation sind – nicht zuletzt auch aufgrund der Entwicklungen im Software-Bereich – Standards erarbeitet und eingeführt worden, die das alte System der „persönlichen Notizen“ oder „Tagebuchaufzeichnungen“ ersetzen und eine moderne Aktenführung erlauben (Wie ein Dokumentationssystem aussehen kann, zeigt Kapitel IV).

Was die Kindertagesstätten betrifft, so ist in diesem Zusammenhang insbesondere der Kernprozess von Bedeutung. Gemeint ist damit die gesamte Steuerung des Betreuungs- und Erziehungsprozesses des Kindes durch Beobachtung, Begleitung und Förderung (vgl. dazu die Grafik auf S. 98).

Auf diesen Kernprozess der Bildung und Erziehung des einzelnen Kindes bezogen lassen sich vier Stadien der Dokumentation bzw. Aktenführung unterscheiden:

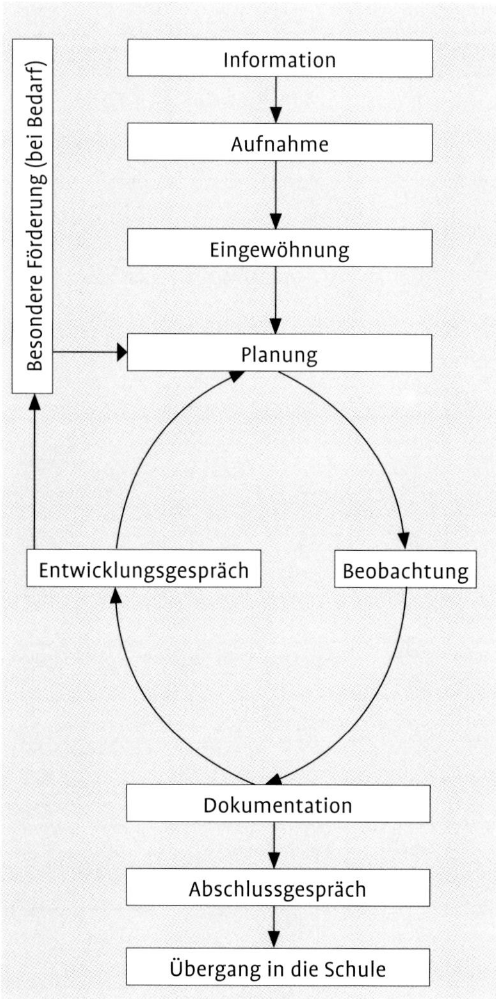

Kernprozess einer Kindertagesstätte

1. *Erfassung der Ausgangssituation des Kindes*

Auf einem „Stammdatenblatt" werden relativ stabile und möglichst objektive Daten des Kindes festgehalten, die Daten der „Situationsanalyse" ergeben sich entweder aus Gesprächen mit den Eltern bzw. Kindern oder aufgrund von Beobachtungen der Erzieherinnen und Erzieher. Dabei geht es um eine möglichst sorgfältige Beschreibung der gegenwärtigen Lage, evtl. auch um die Erhebung der Vorgeschichte sowie die gemeinsame Zielfindung. Auf dieser Grundlage erfolgt dann eine „Bewertung" durch die Erzieherin bzw. den Erzieher, die wiederum als Grundlage für die Feststellung des Entwicklungsbedarfs des Kindes dient.

2. *Zielsetzung und Handlungsplan*

Anschließend werden die einzelnen Teilziele sowie die damit verbundenen Verfahren und Abläufe in Form eines „Handlungsplans" entwickelt und dokumentiert. Im Rahmen von regelmäßigen Entwicklungsgesprächen (vgl. dazu die Doku „Entwicklungsgespräch" auf S. 99) werden dann die pädagogischen Ziele formuliert, verändert und an neue Situationen angepasst.

Doku: Entwicklungsgespräch		**Doku EntG**
Name des Kindes:	Geburtsdatum:	Eintrittsdatum in die Kita:
Gespräch mit:	Datum:	gez.:
Bisherige Schwerpunkte der Förderung/Ziele:		
Informationen über die Entwicklung des Kindes (siehe Beobachtungsbogen, Portfolio, Kinderbogen):		
Informationen durch den Elternteil/die Eltern:		
Reaktionen, Fragen und Wünsche der Eltern:		
Neue Zielsetzungen/Förderschwerpunkte/Vereinbarungen/Verantwortlichkeiten:		
Besteht ein zusätzlicher individueller Förderbedarf (ja/nein); falls ja, welcher?		
Kommentar:		
Freigegeben am	Unterschrift	Nächste Überprüfung am

3. Dokumentation des laufenden Entwicklungsprozesses

Im Rahmen „prozessbegleitender Aufzeichnungen“ bzw. von „Verlaufs- und Protokollnotizen“ (z. B. der Doku „Portfolio“, siehe unten) werden dann die einzelnen Vorgänge und Leistungen festgehalten. Ähnliches geschieht bei Verhandlungen mit Dritten, wie z. B. Eltern und Angehörigen, Fachdiensten, Ressourcenverwaltern etc. Letztendlich sollten alle Angaben dazu beitragen, überprüfen zu können, ob die formulierten Ziele erreicht werden.

Doku: Portfolio	**Doku Portf**
Zeichnung 1) Werk 2) Datum 3) Kommentar Bastelei (evtl. Foto der Bastelei) 1) Werk 2) Datum 3) Kommentar Fotos (von Projekten, Außerhaus-Aktivitäten, besonderen Aktionen, Spielsituationen etc.) 1) Werk 2) Datum 3) Kommentar	Notizen über vom Kind erzählte Begebenheiten oder Geschichten 1) Werk 2) Datum 3) Kommentar Audiokassetten mit Aufzeichnungen des Kindes 1) Werk 2) Datum 3) Kommentar Lerngeschichten des Kindes (Lerngeschichten sind von der Fachkraft aufgeschriebene Beobachtungen, die sie von dem Kind gemacht hat und von diesem autorisieren lässt.) 1) Werk 2) Datum 3) Kommentar
Freigegeben am ______ Unterschrift ______	Nächste Überprüfung am ______

4. Abschluss-Dokumentation

Am Ende des Betreuungsprozesses in der Einrichtung kann dann – möglicherweise zusammen mit den Eltern (siehe unten) – überprüft werden, welche Dienstleistungen erbracht und welche Ziele erreicht worden sind sowie welcher Gesamtaufwand betrieben worden ist. Auf diese Weise erhalten zum einen die Eltern Einsicht in das Geschehene, und für die Einrichtung ergibt sich zum anderen die Möglichkeit, die Einschätzung der Eltern für die Verbesserung zukünftiger Maßnahmen zu nutzen.

Doku: Abschlussgespräch	**Doku AbschlussG**

Das Abschlussgespräch Datum: ....

Name des Kindes: .... geb.: ....

Name des/r Erziehungsberechtigten: ....

Name der pädagogischen Fachkraft: ....

Inhalte des Gesprächs:

Vergleich des Entwicklungsstands des Kindes zu Beginn und zum Ende der Kita-Zeit:

Abschlussstatement des/r Erziehungsberechtigten:

Kommentar:

Freigegeben am	Unterschrift	Nächste Überprüfung am

Insgesamt gesehen zeigt die jüngste Entwicklung im Bereich der Dokumentation viele wünschenswerte, aber auch einige bedenkliche Tendenzen auf: Zum einen mag es höchst begrüßenswert erscheinen, dass Erzieherinnen und Erzieher die einzelnen Erziehungs- und Bildungsprozesse zunehmend gründlich und umfassend dokumentieren. Ohne diese Voraussetzung könnten solche Prozesse weder klar strukturiert noch im Zweifelsfall nachvollziehbar oder auf Verbesserungen hin evaluierbar gemacht werden. Zum anderen aber gerät das pädagogische Handeln damit in die Gefahr, sich allzu sehr auf die Logik „bürokratischen" Handelns einzulassen und den Charakter eines offenen „Selbstbildungsangebots" zu verlieren (zu einer alternativen Art der Dokumentation siehe Jacobs, 2006).

Sicherung einer optimalen Kommunikationsstruktur

Alle Teammitglieder tragen mit der Bewältigung bestimmter Teilaufgaben auf ihre Weise zum Gelingen der Arbeit der gesamten Einrichtung bei. Damit die dabei notwendig werdenden Entscheidungen über Vorgehensweisen, Methoden etc. richtig getroffen werden können, sind eine Vielzahl von Informationen aufzunehmen und zu bearbeiten. Nur eine funktionierende Kommunikationsstruktur ermöglicht sowohl die kurzfristige und unkomplizierte Weitergabe wichtiger Informationen als auch einen Rahmen für die Diskussion und den Entscheidungsfindungsprozess. Je größer das gesamte pädagogische Team einer Einrichtung ist, desto mehr wird man aus Gründen der Effektivität darauf achten, dass im Gesamtteam nur „Grundsatzdiskussionen“ geführt werden. Zudem kann es sinnvoll sein, dass die Leitung oder speziell beauftragte Kleingruppen (z.B. Planungsteams oder Qualitätszirkel) die Diskussion durch vorher gesammelte Informationen und Argumente vorbereiten. Bei Gesamtteams mit überschaubarer Größe können möglicherweise auch detailliertere Fragen behandelt werden, da dort der notwendige Informationsfluss, beispielsweise zwischen einem Planungsteam und dem Gesamtteam, entfällt. Hier muss jede Einrichtung selbst den für sie effektivsten Weg finden.

Beschließt das Gesamtteam die Durchführung eines Projekts, so werden die einzelnen Gruppenteams beauftragt, die entsprechende Umsetzung in ihren Gruppen vorzunehmen. Wenn z.B. ein Herbstfest stattfinden soll, dann wird das Gesamtteam in der Regel die groben Zielsetzungen formulieren. Die detaillierte Planung wird dann einem Projektteam von drei bis vier Personen übergeben, das die Veranstaltung vorbereitet und die Planung dokumentiert. Das Projektteam hat die Verantwortung für das Gelingen der Veranstaltung und die Befugnis, über deren Ablauf (unter Berücksichtigung der im Gesamtteam festgelegten Ziele) zu entscheiden. Je nach Größe und Wichtigkeit der Veranstaltung informiert das Planungsteam das Gesamtteam einmalig oder mehrmals über den Stand der Dinge. Dies kann durch den Aushang der Planungsdokumentation oder persönlich im Gesamtteam erfolgen. Bei Unsicherheiten kann die Planung zur Diskussion gestellt werden. Die letztendliche Entscheidung verbleibt jedoch beim Projektteam, das für die endgültige Vorbereitung und Durchführung zuständig ist. Nach Abschluss der Veranstaltung findet – wiederum entsprechend der Größe und Wichtigkeit – eine Reflexion im Planungsteam oder auch zusätzlich im Gesamtteam statt und wird dokumentiert. Diese Art des wechselseitigen Kommunikationsflusses gilt für alle Arbeitsgruppen in ihrem Verhältnis zum Gesamtteam. Da alle pädagogischen Mitarbeiterinnen und Mitarbeiter im Gesamtteam vertreten sind, ist auf diese Weise auch der Kommunikationsfluss zwischen den einzelnen Projektgruppen gewährleistet.

Eine andere Arbeitsform, die zur Optimierung der Kommunikationsabläufe zwischen Teams und Einzelpersonen beitragen kann, ist der Qualitätszirkel (siehe dazu auch den

Abschnitt „Team und operatives Management" in diesem Kapitel). Dieser wird in der Regel zur Erarbeitung von Vorschlägen für bestimmte Aspekte des Qualitätsmanagementsystems ins Leben gerufen. Je nach der Ebene, auf der die Qualitätszirkel angesiedelt sind, sind entsprechend differenzierte Kommunikationswege und Rückkopplungen notwendig. Bei Qualitätszirkeln auf Trägerebene, an denen möglicherweise mehrere, verschieden strukturierte Einrichtungen teilnehmen, kann die Etablierung einer Steuerungsgruppe sinnvoll sein. Diese besteht aus den jeweiligen Einrichtungsleitern bzw. -leiterinnen und einem Vertreter des Trägers. In der Steuerungsgruppe werden Entscheidungen über Rahmenbedingungen (Personal- und Sachentscheidungen) getroffen, die Umsetzung der Maßnahmen geplant und deren Wirksamkeit beurteilt.

Gezielte Maßnahmen zur Personalentwicklung

Ein hoher Qualitätsstandard in der Arbeit einer Kindertageseinrichtung entsteht nur, wenn alle Mitarbeiterinnen und Mitarbeiter optimal zusammenwirken. Deshalb verdient der Bereich der Personalentwicklung besondere Aufmerksamkeit.

Sowohl die fachliche Qualifikation der Mitarbeiterinnen und Mitarbeiter als auch die persönliche Eignung für den Beruf sind unverzichtbare Voraussetzungen. Die Vielzahl fachlicher und persönlicher Anforderungen – beginnend bei der fortlaufenden Beobachtung und Einschätzung von Gruppensituationen, über unzählige Feinabstimmungen mit der Kollegin bzw. dem Kollegen in der Gruppe bis hin zur Erörterung verschiedenster Themen bei den täglichen Tür- und Angelgesprächen mit Eltern – verlangt von den Mitarbeiterinnen und Mitarbeitern die Fähigkeit, sich schnell auf unterschiedlichste Situationen einzustellen und adäquat reagieren zu können. Ohne hohe Motivation, gute Kommunikationsfähigkeit sowohl im Umgang mit Kindern als auch mit Erwachsenen (d. h. den Eltern sowie den Kolleginnen und Kollegen) und die Bereitschaft zur ständigen fachlichen Weiterentwicklung ist dies nicht zu leisten.

Die hohen Ansprüche, die an eine Kindertageseinrichtung und somit an deren Personal herangetragen werden, erfordern eine gezielte Auswahl der Mitarbeiterinnen und Mitarbeiter nach einem festgelegten Anforderungsprofil (vgl. dazu S. 106 f.).

Insbesondere die Eignung einer Bewerberin bzw. eines Bewerbers, im Rahmen einer bestehenden Einrichtungskonzeption arbeiten zu können, sowie das Vorhandensein der dafür notwendigen fachlichen Qualifikation und Vorerfahrung sollten bei der Auswahl unbedingt abgeklärt werden. Wichtig ist hier, den Bewerberinnen oder Bewerbern die Konzeption und die damit verbundenen Erwartungen der Einrichtung an künftige Mitarbeiter klar darzulegen, damit diese nicht von falschen Annahmen ausgehen und sich bewusst für den ausgeschriebenen Arbeitsplatz entscheiden können.

Eine wohlüberlegte Personalauswahl ist auch bei der Besetzung von Praktikumsstellen erforderlich – seien es Vor- oder Berufspraktika im Rahmen der Erzieherinnen- bzw. Erzieherausbildung oder Kurzpraktika der unterschiedlichen Schulen, die in Kindertageseinrichtungen abgeleistet werden sollen. Auch Praktikantinnen und Praktikanten befinden sich, wie die fest angestellten Fachkräfte, in ständigem Kontakt mit Kindern und Eltern, was das Vorhandensein zumindest von Grundlagen im Bereich der Umgangsformen und der pädagogischen Kenntnisse erforderlich macht. Auch diese Mitglieder des Teams prägen die Qualität der gesamten Einrichtung.

Ebenso wichtig wie die adäquate Auswahl ist die gute Einarbeitung neuer Mitarbeiterinnen und Mitarbeiter. Auch hier ist es sinnvoll, die Einarbeitungsphase zu planen und die neuen Teammitglieder gezielt zu unterstützen, um ihnen einen möglichst reibungslosen und einfachen Einstieg in vorhandene Strukturen zu

Mitarbeiter/innenauswahl

Definition

Die Mitarbeiter/innenauswahl beschreibt das Verfahren der Auswahl neuer pädagogischer Fachkräfte.

Ziele

Eine bewusst gestaltete und sorgfältig durchgeführte Auswahl der Mitarbeiterinnen und Mitarbeiter
- erlaubt eine weitgehend reibungslose Fortführung und hohe Kontinuität der pädagogischen Arbeit,
- sichert eine verlässliche Gesamtqualität der Kindertageseinrichtung,
- fördert ein gutes Betriebsklima,
- trägt zur Qualitätssicherung und Qualitätssteigerung der Einrichtung bei.

Durchführung

Die Auswahl von Mitarbeiterinnen und Mitarbeitern wird in folgenden Schritten durchgeführt:
1. Klärung des Anforderungsprofils der zu besetzenden Stelle.
2. Detaillierte Stellenausschreibung (Arbeitsamt, Internet, Zeitung), bei der das Anforderungsprofil der zu besetzenden Stelle und die Zielsetzung der Einrichtung deutlich werden.
3. Der Verbundbeauftragte und die Leitung der Kindertagesstätte sichten die Bewerbungen und treffen eine Vorauswahl. Bei Bewerbungen innerhalb des Verbundes ist der betreffende Träger zu informieren.
4. Einladung von ausgewählten Bewerberinnen und Bewerbern zum Vorstellungsgespräch, an dem der Verbundbeauftragte und die Leitung der Kindertagesstätte teilnehmen. Der Träger wird ebenfalls eingeladen.
5. Beim Vorstellungsgespräch wird nach der pädagogischen Zielvorstellung der Bewerberin bzw. des Bewerbers gefragt. Die Zielsetzung der Einrichtung und die Kernleistungen und Schlüsselprozesse werden vorgestellt. Die Bewerberin bzw. der Bewerber verdeutlicht im Gespräch ihre/seine Haltung zu den gestellten Anforderungen. Die Moderation des Gesprächs übernimmt die Leitung der Kindertagesstätte. Die inhaltliche Struktur des Vorstellungsgesprächs ist im Leitfaden zum Vorstellungsgespräch festgelegt.

6. Die Leitung der Kindertagesstätte schlägt dem Träger die endgültige Auswahl vor. Der Verbundbeauftragte kann dazu eine eigene Stellungnahme abgeben.

Werthaltung

Die am Auswahlverfahren Beteiligten
- wählen die ins engere Verfahren kommenden Bewerberinnen bzw. Bewerber nach dem Anforderungsprofil gezielt aus,
- bereiten sich sorgfältig auf das Vorstellungsgespräch vor,
- verhalten sich den Bewerberinnen bzw. Bewerbern gegenüber offen und unterstützten sie im Vorstellungsgespräch.

Die Leitung der Kindertagesstätte
- übernimmt kompetent die Moderation des Vorstellungsgesprächs,
- gibt einen zeitlichen Rahmen vor,
- beachtet die allgemeinen Gesprächsregeln,
- vermittelt eine positive Gesprächsatmosphäre.

Mitgeltende Unterlagen
- Mitarbeiter/innenauswahl
- Leitfaden zum Vorstellungsgespräch
- Zeitungsannonce

Freigegeben am	Unterschrift	Nächste Überprüfung am

Mitarbeiter/innenfortbildung

Definition

Unter Mitarbeiter/innenfortbildung werden alle Maßnahmen verstanden, die der Fort- und Weiterbildung des gesamten Personals des Kindergartens dienen. Diese Maßnahmen können sich sowohl auf einzelne Mitarbeiterinnen und Mitarbeiter als auch auf eine Teilgruppe oder das gesamte Team beziehen.

Ziel

Die Maßnahmen zur Mitarbeiter/innenfortbildung dienen insbesondere
- der Sicherung eines einheitlichen Informationsstandes aller Mitarbeiterinnen und Mitarbeiter über neue Entwicklungen bezüglich pädagogischer, methodischer und struktureller Aspekte der Kindergartenpädagogik,
- der Sicherung und kontinuierlichen Erweiterung des Fachwissens und der Fachkompetenz aller Mitarbeiterinnen und Mitarbeiter sowie
- der Ausbildung spezifischer Kompetenzen in ausgewählten Fachbereichen (z. B. religiöse Erziehung, Frühförderung, musikalische Erziehung etc.).

Durchführung

Im Rahmen der Mitarbeiter/innengespräche und der Jahresgesamtplanung erfolgt durch die Kindertagesstättenleitung jährlich die Ermittlung des Fortbildungsbedarfs, und zwar in tabellarischer Übersicht. Vor diesem Hintergrund bzw. situationsorientiert werden dann die einschlägigen Fortbildungsprogramme durchgesehen. Die Mitarbeiterinnen und Mitarbeiter wählen die für sie interessanten Veranstaltungen aus und besprechen ihre Wahl anschließend mit der Leitung.

Werthaltung

Mitarbeiterinnen und Mitarbeiter einerseits sowie die Kindertagesstättenleitung andererseits achten darauf,
- dass persönlich-fachliche und organisationale Interessen gleichermaßen beachtet werden und
- dass innovative Ideen und die Bereitschaft, etwas Neues zu erproben, besondere Berücksichtigung finden.

Mitgeltende Unterlagen
- Mitarbeiter/innengespräch

Freigegeben am	Unterschrift	Nächste Überprüfung am

ermöglichen. Damit können sie bald Anschluss an das bestehende fachliche Niveau der Einrichtung finden. Regelmäßige Gespräche und strukturierte Informationen, z. B. in Form des gemeinsamen Durcharbeitens der Konzeption oder des Qualitätshandbuchs, sind hier sicherlich eine gute Basis.
Die vielen Veränderungen im Bereich der Kindertagesstätten, aber auch die sich ständig weiterentwickelnden Erkenntnisse auf dem Gebiet des pädagogischen, didaktischen und methodischen Handelns machen es unverzichtbar, dass die Mitarbeiterinnen und Mitarbeiter ihre Fähigkeiten und ihr Wissen erhalten, anpassen und erweitern. Auch hier liegt es an der Leitung der Einrichtung, die Bedingungen dafür zu schaffen, dass sich das Personal gerne und bewusst fortbildet und dass die Ergebnisse der jeweiligen Maßnahmen auch dem gesamten Team vermittelt werden (vgl. dazu S. 108). Insbesondere im Rahmen von Ziel- und Mitarbeitergesprächen muss dieses Thema immer wieder erörtert werden. Fortbildungsmaßnahmen sollten allerdings nicht ausschließlich extern erfolgen, denn gerade für die sichere Umsetzung der eigenen konzeptionellen Ziele sind interne Schulungen (sog. „Inhouse-Seminare", für die Schließtage verwendet werden können) durch die Kindertagesstättenleitung oder erfahrene Mitarbeiterinnen und Mitarbeiter unverzichtbar.

Öffentlichkeitsarbeit

Wesentliche Teile einer pädagogischen Dienstleistung sind für Eltern nicht überprüfbar. Dies trifft bei einer Kindertageseinrichtung vor allem auf die Gestaltung des Tagesablaufs, die Atmosphäre in der Kindergruppe und den Umgang mit den Kindern zu. Die Schwierigkeit einer detaillierten Überprüfung der Leistung durch den Kunden und die damit verbundene Problematik für die Eltern, an neutrale Informationen über den Alltag in der Einrichtung zu gelangen, lässt das Image oder den Ruf einer Einrichtung an Bedeutung gewinnen. Zudem führt dieser Sachverhalt häufig dazu, dass zur Beurteilung einer Einrichtung informelle Gespräche herangezogen werden. Dies gilt nicht nur für Kindertageseinrichtungen im Speziellen, sondern für alle Dienstleister im Allgemeinen. Gespräche im Kreis der Familie, mit Freunden, Bekannten oder Arbeitskollegen werden genutzt, um sich ein Bild von der an sich „immateriellen" Dienstleistung zu machen. Da diese informelle, persönliche Kommunikation weit größere Glaubwürdigkeit besitzt als diejenige des Anbieters selbst, heißt dies zugleich: Qualitätsorientierte Dienstleister sind in besonderem Maße auf positive bzw. die Vermeidung negativer Mund-zu-Mund-Kommunikation angewiesen.

Das „Image" einer Einrichtung entsteht (und kann beeinflusst werden) vor allem durch Folgendes:

- Mund-zu-Mund-Kommunikation (Eltern, Kinder, Bekanntenkreis),
- Informationen, die das äußere Erscheinungsbild liefert (Gebäude, Inneneinrichtung, Raumgestaltung),
- Informationen von Seiten der Mitarbeiterinnen und Mitarbeiter (deren äußeres Erscheinungsbild und Kommunikation),
- Informationen durch Aushänge, Elternbriefe, die Konzeptionsschrift etc.,
- Informationen, die über die Medien vermittelt werden.

Auf allen diesen Ebenen gilt es, dafür Sorge zu tragen, dass ein möglichst optimales Bild der Einrichtung entsteht.

Dabei sollte zunächst festgelegt werden, wie das Bild überhaupt aussehen soll. Geschieht dies nicht, dann droht die Gefahr, dass sich in der Öffentlichkeit ein Image etabliert, das der Einrichtung nicht gerecht wird. Die Arbeit am Image der eigenen Einrichtung muss folglich aktiv geschehen (vgl. dazu S. 111), eine Öffentlichkeitsarbeit allein mittels zufälliger Zeitungsberichte über die üblichen Aktivitäten genügt heute nicht mehr.

Offenheit für Kritik ist wesentlich für einen konstruktiven Umgang mit Beschwerden. Wenn sich Eltern in einer Einrichtung kritisch äußern dürfen, fühlen sie sich ernst genommen und müssen ihrem Ärger nicht mehr durch negative Mund-zu-Mund-Kommunikation Luft machen. Dies beugt zudem möglichen Gerüchten vor und trägt dadurch we-

Leitfragen bei der Umsetzung des eigenen Images

- Wie gestalten wir unsere Erstkontakte?
- Wie werden Telefongespräche entgegengenommen?
- Was vermittelt das Gebäude und die Raumgestaltung, insbesondere im Eingangsbereich?
- Ist unsere pädagogische Arbeit für die Eltern transparent und fühlen sich die Eltern gut informiert?
- Wie gehen wir mit Beschwerden um?

Grundlagen der Öffentlichkeitsarbeit

Definition
Die Öffentlichkeitsarbeit umfasst alle Formen der Präsentation des Trägers und der Kindergärten in Schrift und Bild sowie im Rahmen von veröffentlichten Darstellungen und bei öffentlichen Auftritten. Öffentlichkeitsarbeit ist grundsätzlich Aufgabe und Befugnis des Trägers bzw. Trägerverbundes und steht unter dessen Genehmigungsvorbehalt.

Ziele
Ziel der Öffentlichkeitsarbeit ist es,
- an Außenstehende ein positives Bild des Trägers und der Kindertagesstätten zu vermitteln,
- Kontakte nach außen zu pflegen und zu entwickeln,
- die hohe Qualität der Einrichtungen des Trägers nach außen deutlich zu machen.

Vorbereitung/Durchführung/Nachbereitung
Folgende Maßnahmen werden kontinuierlich durchgeführt:
- Entwicklung und Aktualisierung vielfältiger Materialien zur Präsentation des Trägers und der Kindergärten
- Organisation und Durchführung von Presseterminen bzw. öffentlichen Präsentationen
- Durchführung von öffentlichkeitsbezogenen Veranstaltungen (z. B. Tag der offenen Tür, Sommerfest)
- Durchführung von Elternabenden mit öffentlicher Wirksamkeit
- Erstellung und Veröffentlichung träger- sowie einrichtungsbezogener Jahresberichte
- Teilnahme an öffentlichen Aktionen (z. B. in der Gemeinde) und an Tagungen
- Internetauftritte
- Erstellung von Pressetexten

Werthaltung
Alle Beteiligten achten darauf, dass
- sie als Personen den Träger und den Kindergarten positiv repräsentieren,
- das vorhandene Präsentationsmaterial anschaulich, attraktiv und stets auf dem neuesten Stand ist,
- sie öffentliche Auftritte stets optimal vorbereiten,
- Einladungen zu öffentlichen Veranstaltungen wahrgenommen werden.

Mitgeltende Unterlagen
- Öffentlichkeitsarbeit
- Bestimmungen des Datenschutzes (z. B. bei der Veröffentlichung von Bildern etc.)

Freigegeben am	Unterschrift	Nächste Überprüfung am

sentlich zur Imagepflege bei. Außerdem sind Beschwerden wichtige Informationen darüber, wie Eltern und Kinder die Arbeit der Einrichtung einschätzen und sollten deshalb zur Identifikation von Verbesserungspotenzialen genutzt werden.

Aufbau eines systematischen Wissensmanagements

Beim Aufbau eines systematischen Wissensmanagements gilt es zunächst zwischen Daten, Informationen und Wissen zu unterscheiden.

Wissensmanagement bedeutet also, alle verfügbaren Daten und Informationen für die Einrichtung und deren Konzeption nutzbar zu machen. Allgemeine Fragen zum Einstieg in das Wissensmanagement könnten lauten:

- Über welches Wissen verfügt die Einrichtung bereits?
- Wie wird aus Erfahrungswissen gesichertes Wissen? Wie nutzen wir Wissen aus einzelnen Prozessen? Wie nutzen wir das Wissen der Eltern?
- Wie kann Wissen „kategorisiert" und organisiert werden?

> „Daten sind bloße Tatsachen, deren Anwendung zunächst noch unbestimmt ist. Aus Daten werden Informationen durch Einbindung in einen ersten Kontext von Relevanzen, die für ein bestimmtes System gelten. Aus Informationen wird Wissen durch Einbindung in einen zweiten Kontext von Relevanzen. Dieser zweite Kontext besteht nicht, wie der erste, aus Relevanzkriterien, sondern aus bedeutsamen Erfahrungsmustern, die das System in einem speziell dafür erforderlichen Gedächtnis speichert und verfügbar hält. Wissen ist ohne Gedächtnis nicht möglich, aber nicht alles, was aus einem Gedächtnis hervorgeholt werden kann, ist Wissen. Wissen entsteht durch den Aufbau von Wissen in Erfahrungskontexten, die sich in Genese und Geschichte des Systems als bedeutsam für sein Überleben und seine Reproduktion herausgestellt haben."
>
> (Willke, 1998, S. 11)

- Welcher Wissensbedarf besteht? Wie kann dieses Wissen generiert werden, durch Erwerb, Kauf, Lernen oder Forschen?
- Wie sieht der Zugang zu Wissen bzw. zu generiertem Wissen aus?

In einer Kindertagesstätte findet Wissensmanagement vor allem auf zwei Ebenen statt: der Ebene des Wissenstransfers und der Ebene der Nutzung von Erfahrungswissen.

Wissenstransfer

Kindertagesstätten können Wissen aus Zeitschriften, Forschungsergebnissen, internationalen Kontakten etc. gewinnen. Zudem können Recherchen durchgeführt, Datenbanken „angezapft“ und Expertenwissen „eingekauft“ werden. So kann z. B. der Besuch in einer Reggio-Einrichtung dazu führen, dass ein Team einzelne Aspekte des Gesehenen aufgreift und in der eigenen Einrichtung umzusetzen versucht, das Durchforsten einer Homepage kann eine neue Dokumentationsvorlage erbringen etc.

Nutzung von Erfahrungswissen

Dies geschieht vor allem dadurch, dass bisher unbewusst vorhandenes Wissen der Mitarbeiterinnen und Mitarbeiter aktiviert und damit nutzbar gemacht wird. So können z. B. im Gespräch mit den Mitarbeiterinnen und Mitarbeitern neue Ideen entstehen, die die qualitative Weiterentwicklung der Einrichtung voranbringen. Eine wichtige Aufgabe der Leitung ist es, solche Ideen ans Tageslicht zu heben. Dazu werden heute verschiedene Methoden angewendet, die zunächst befremdlich klingen, aber vor dem Hintergrund der wachsenden Bedeutung noch nicht aktivierten Wissens zunehmend an Relevanz gewinnen:

- *Story-Telling:* Im Rahmen dieser Methode wird durch das Erzählen von Geschichten und Anekdoten unbewusstes, aber vorhandenes Wissen erfasst und nutzbar gemacht. Das Story-Telling kann z. B. angewendet werden, wenn einzelne Erzieherinnen oder Erzieher über ihre Erfahrungen mit Elterngesprächen berichten bzw. dazu interviewt werden. Diese Erzählungen werden dann anhand einer Inhaltsanalyse zusammengefasst, und die sich daraus ergebenden Erkenntnisse fließen systematisch in die tägliche Praxis ein.

- *Dialog-Methode:* Bei der Dialog-Methode wird davon ausgegangen, dass jedes Teammitglied über ein jeweils unterschiedliches (unbewusstes) Wissen zu einer bestimmten Frage- oder Themenstellung verfügt. Die Idee ist es nun, anhand eines moderierten Austauschs zu ergründen, was die Teammitglieder alles wissen und wovon sie bisher nicht wussten, dass sie es wissen. Diese Methode kann zudem eingesetzt werden, um fachliche Entwicklungen bzw. Diskussionen oder einrichtungsbezogene Abläufe zu reflektieren, die bisher als selbstverständlich angesehen wurden, die jedoch um unterschiedliche Perspektiven erweitert werden sollen. Des Weiteren können mit dieser Methode auch eingefahrene Routinen daraufhin analysiert werden, inwieweit sie sinnvoll und hilfreich oder aber hinderlich sind – nach dem Motto „das haben wir schon immer so gemacht". Unterstützt wird der Dialog mit unterschiedlichen Techniken, wie beispielsweise dem Knowledge-Mapping. In einer Kindertagesstätte kann das Knowledge-Mapping z. B. eingesetzt werden, um die Handhabung von Regeln in den Kindergruppen in Bezug auf die sich dahinter verbergenden pädagogischen Prinzipien zu analysieren, diese zu reflektieren und sie dabei an die pädagogischen Grundsätze bzw. die tatsächlichen Gegebenheiten anzupassen.

- *Fallanalysen:* Die Fallanalyse – z. B. die Analyse von Entwicklungsverläufen von bzw. Lernprozessen bei Kindern mittels der Auswertung von Dokumentationen oder Beobachtungen – kann dazu dienen, aus der Summe der analysierten Fälle Erfahrungswissen ableiten zu können und qualitative Daten aus der Arbeit mit den Kindern zu erhalten.

Team und operatives Management

Ausdifferenzierung der Gesamtkonzeption in Teilkonzeptionen

Während die Kindergartenleitung die Letztverantwortung für die Ausgestaltung der Konzeption trägt – ohne dass das heißen muss, dass sie das Team nicht an ihren Überlegungen teilhaben ließe – beschäftigen sich die Mitarbeiterinnen und Mitarbeiter vor allem mit der Umsetzung der konzeptionellen Vorgaben.

Liegt eine Gesamtkonzeption vor und umfasst diese unterschiedlichste Angebotsformen und zielgruppenorientierte pädagogische Maßnahmen, so macht es aus Gründen der Übersichtlichkeit und Fachlichkeit Sinn, sie in einzelne Teilkonzeptionen zu untergliedern. Bereits in kleineren Einrichtungen lassen sich folgende Teilkonzeptionen identifizieren:

1. Kernprozess: Sicherung einer optimalen Entwicklung des einzelnen Kindes
Wie werden die Daten der Kinder bzw. Eltern erfasst? Welche Beobachtungsbögen werden verwendet, um die Entwicklung der Kinder zu verfolgen? Wie werden Entwicklungsgespräche und der Austausch mit anderen sozialen Diensten durchgeführt und dokumentiert?

2. Pädagogische Grundlagen
Wie sieht der pädagogische Umgang mit den Kindern (das erzieherische Verhalten) aus, wie werden Freispiel und Materialauswahl gestaltet, wie werden Räume ausgestattet und Bereiche gegliedert, wie sieht der Tagesablauf aus etc.?

3. Pädagogische Angebote
Welche Angebote werden in welcher Form erbracht, z. B. Projektarbeit, Kleingruppenarbeit, gruppenübergreifende Aktivitäten, Exkursionen etc.?

4. Elternarbeit
Welche Formen der Elternarbeit werden angeboten, z. B. Elternabende, Elterngespräche, Elternprojekte, Stammtisch etc. und wie werden die Eltern an der Arbeit der Einrichtung beteiligt?

5. Arbeit im Gemeinwesen (Gemeinde, Kirche etc.) bzw. Zusammenarbeit mit anderen Einrichtungen
Welche Beteiligungsformen im Gemeinwesen werden angestrebt, wie und in welchen Organisationsformen wird mit anderen Einrichtungen zusammengearbeitet?

Bei der Ausarbeitung dieser Teilkonzeptionen müssen eine Fülle von einzelnen fachlichen Fragen diskutiert und beantwortet werden. Dabei geht es darum, einzelne Qualitätsstandards zu formulieren, Dokumentationsvorlagen zu entwickeln und Evaluationsverfahren zu bestimmen (siehe dazu Kapitel IV).

Qualitätszirkel zur Weiterentwicklung von Qualitätsstandards

Unter Qualitätszirkeln versteht man Arbeitsgruppen, in denen sich Mitarbeiterinnen und Mitarbeiter für einen bestimmten Zeitraum mit Fragen der Qualität bei wichtigen Arbeitsprozessen auseinandersetzen, um dadurch

Verbesserungen zu erreichen. Grundsätzlich kann jedes Mitglied des Teams in einem Qualitätszirkel mitarbeiten, von Vorteil sind aber in jedem Fall Freiwilligkeit und Interesse an der Fragestellung.

Ein Qualitätszirkel sollte zwischen zwei und fünf Personen umfassen und seine Arbeit weitgehend selbstständig durchführen. In der Regel erweisen sich dabei folgende Arbeitsschritte als sinnvoll:

Arbeitsschritte im Qualitätszirkel

1. Bildung des Qualitätszirkels

Hier sind Entscheidungen bezüglich der Anzahl der Mitglieder, der Moderation etc. zu treffen.

2. Aufgabendefinition

Hier geht es darum, genau abzuklären, was die einzelnen Mitglieder unter dem Thema verstehen, und darüber zu entscheiden, worum es im Qualitätszirkel genau gehen soll.

3. Sachanalyse

In diesem Stadium werden Informationen gesammelt, wobei sowohl der Kenntnisstand der Mitglieder des Qualitätszirkels als auch Fachwissen aus Büchern etc. herangezogen wird. Zusätzlich kann eine Beratung durch externe Experten in Anspruch genommen werden.

4. Zwischenergebnis

Ein Ergebnis wird formuliert, diskutiert und dann verabschiedet.

5. Rückkoppelung mit dem Gesamtteam

Das Ergebnis wird dem Gesamtteam vorgestellt. Weitere Anregungen und Hinweise von dieser Seite werden aufgenommen und unter Umständen erforderliche Korrekturen durchgeführt. Eventuell erfolgt danach eine erneute Diskussion im Gesamtteam.

6. Abschluss

Mit der Annahme des Ergebnisses durch das Gesamtteam endet die Arbeit des Qualitätszirkels.

Bei der Durchführung eines Qualitätszirkels muss man besonders darauf achten, dass die Orientierung an einem hohen Qualitätsstandard und die Grundaussagen der Gesamtkonzeption fest im Bewusstsein der Mitglieder des Zirkels verankert sind. Die Ergebnisse müssen dazu beitragen, dass im Team ein neues Qualitätsbewusstsein entsteht, dass alle Abläufe geklärt und die Sinnzusammenhänge deutlich werden.

Aufbau und Funktion eines Qualitätsstandards

Definition
Was versteht man z. B. unter dem Begriff „Projektarbeit“?
(Funktion: Jedem Teammitglied ist die Leistung bzw. der Begriff vertraut.)

Bedeutung
Welche Bedeutung kommt der Projektarbeit im Rahmen der Gesamtkonzeption zu?
(Funktion: Jedes Teammitglied kennt die konzeptionelle Bedeutung der Leistung.)

Ziele
Welche Ziele sollen mit der Projektarbeit erreicht werden?
(Funktion: Jedes Teammitglied kennt die spezifische Zielsetzung der Leistung.)

Vorbereitung/Durchführung/Nachbereitung
Wie muss die Projektarbeit umgesetzt werden, damit keine groben Fehler auftauchen?
(Funktion: Jedes Teammitglied kann die Leistung weitgehend fehlerfrei erbringen.)

Werthaltung
Wie muss sich die Mitarbeiterin bzw. der Mitarbeiter bei der Umsetzung der Projektarbeit verhalten?
(Funktion: Jedes Teammitglied weiß, worauf es bei der Leistung ankommt.)

Mitgeltende Unterlagen
Was gilt es sonst noch zu beachten (Vorschriften, Dokumentvorlagen, Checklisten etc.)?
(Funktion: Jedes Teammitglied kennt weitere Zusammenhänge.)

Als Ergebnis eines Qualitätszirkels können Qualitätsstandards entstehen (siehe oben), es sind aber auch „abgespeckte“ Varianten, wie z. B. Leitfäden oder Checklisten (siehe S. 118), denkbar. Alle drei Formen beschreiben in unterschiedlicher Weise die angestrebte Prozessqualität und tragen damit zum Qualitätsbewusstsein im Team bei.

Checkliste: Raumgestaltung und -ausstattung (Kreativbereich)

Bedeutung

Im Kreativbereich können die Kinder vielfältige schöpferische und ästhetische Erfahrungen sammeln. Sie finden hier ihren eigenen Weg, mit Materialien umzugehen. Lernerfahrungen mit Stift und Farbe sind erste Schritte zu einem Schriftspracherwerb. Durch das kreative Tun erhalten sie die Möglichkeit, eigene Erlebnisse und Eindrücke aus ihrer Umwelt zu verarbeiten und geben so ihrer momentanen Gefühlslage Ausdruck. Sie gewinnen Erkenntnisse über Art, Beschaffenheit und Handhabbarkeit von Gegenständen verschiedenster Zwecksetzung.

Standardausstattung

☑ mindestens ein Vierer-Tisch (von der Raumgröße abhängig)
☑ Wachstuchdecken
☑ Materialschalen, Lappen, Kittel, Wasserbehälter
☑ Kleber bzw. Kleister
☑ Scheren
☑ Prickelnadeln und Zubehör
☑ Tusch-Utensilien
☑ Buntstifte bzw. Wachsmaler
☑ Kostenloses Material (Wolle, Stoffe, Verpackungsmaterial etc.)
☑ Größensortiertes Papier
☑ Bastelpapier unterschiedlicher Art

Empfohlene Zusatzmaterialien

☑ Knete, Ton und Pappmaschee
☑ Sand- und Wassertische
☑ Staffelei
☑ Holz
☑ Werkzeuge zur Bearbeitung
☑ Materialien für spezielle Maltechniken (z. B. für Murmelbilder oder Frottagedruck)
☑ Kunstbände und Kunstbücher für Kinder
☑ Flüssigfarben
☑ Pinsel, Bürsten, Schwämme, Siebe etc.

Diskussion von Schwachstellen und Verbesserungsvorschlägen

Da die Mitarbeiterinnen und Mitarbeiter die einzelnen Prozesse fast tagtäglich ausführen, kennen sie auch am besten die Schwachstellen und Verbesserungsmöglichkeiten. Deshalb sollte nicht immer erst gewartet werden, bis die in der Evaluation gewonnenen Daten der Leistungsauswertung sowie die Informationen aus den Bedarfserfassungen einer Analyse unterzogen werden können. Es ist vielmehr notwendig, die einzelnen Prozesse im Team regelmäßig und genau zu prüfen und zu optimieren. Dabei geht es natürlich nicht nur um die Qualität der Prozesse, auch Fragen der Struktur- und Dienstleistungsqualität sollten auf ihr Verbesserungspotenzial hin diskutiert werden.

Ein wichtiges Instrument für eine kontinuierliche Verbesserung der Qualität ist auch das Beschwerdemanagement (siehe S. 120f.). Dabei werden die Mitarbeiterinnen und Mitarbeiter gebeten, die von den Eltern oder Kindern geäußerten Beschwerden in ein sogenanntes Beschwerdebuch einzutragen und systematisch auszuwerten. Da, wo Beschwerden gehäuft auftreten, oder wo es nicht gelingt, die Fehlerpunkte von vornherein zu beheben, besteht Verbesserungs- oder zumindest Diskussionsbedarf.

Beschwerdemanagement

Ziel

Eine Sichtung und Auswertung aller Beschwerden, die sich während eines ganzen Jahres ergeben haben, dient der zukünftigen Fehlervermeidung.

Verfahren

Alle anfallenden Beschwerden werden – nach dem Muster der Vorlage – in ein eigens dafür angeschafftes Beschwerdebuch eingetragen, das in jeder Gruppe ausliegt. Die Kindertagesstättenleitung sorgt dafür, dass diese Beschwerden regelmäßig auf der Ebene der Gesamteinrichtung zusammengefasst und ausgewertet werden.
Zum Ende des Kindergartenjahres erhält eine Mitarbeiterin bzw. ein Mitarbeiter die Aufgabe, alle Beschwerdehinweise zusammenzufassen. Diese werden dann diskutiert und gegebenenfalls Verbesserungsmaßnahmen vereinbart und umgesetzt.
Des Weiteren liegen Beschwerdezettel aus, die ausgefüllt und in den hauseigenen Briefkasten eingeworfen werden können. Auch diese Beschwerden werden umgehend in das Beschwerdebuch übertragen.

Werthaltung

Die Mitarbeiterinnen und Mitarbeiter
- nehmen Beschwerden bewusst wahr und dokumentieren sie gewissenhaft,
- bearbeiten da, wo es möglich ist, anfallende Beschwerden sofort und zur Zufriedenheit der Beschwerdeführer,
- geben Beschwerden, die nicht sofort bearbeitet werden können, unverzüglich an die Leitung weiter.

Mitgeltende Unterlagen

- Beschwerdebuch
- EVA-Doku: Beschwerdemanagement (Jahreszusammenfassung)

Freigegeben am	Unterschrift	Nächste Überprüfung am

EVA-Doku: Beschwerdemanagement (Jahreszusammenfassung) **Doku B/J**					
Anzahl					
Art der Beschwerde					
Bereits eingeleitete Maßnahmen					
Weitergeleitet von/an/am					
Auswertung gez. von					
Weiter zu entwickelnde Maßnahmen					
Ergebnis					

Freigegeben am ____________ Unterschrift ____________ Nächste Überprüfung am ____________

IV. Das Qualitätshandbuch – ein umfassendes Managementsystem

Begriffsbestimmungen

Will eine Einrichtung allen oben erläuterten Aspekten im Rahmen ihrer Führungs- und Managementaufgaben wirklich gerecht werden, so muss sie – das zeigen die Entwicklungen der letzten Jahre – alle Erkenntnisse und Ergebnisse in einem umfassenden Qualitätsmanagementsystem zusammenführen und auf der Basis eines Qualitätshandbuchs verschriftlichen. Dabei ist im Bereich der Kindertagesstätten zu beachten, dass nicht nur formale Prozesse, wie z. B. Sicherheit, Hygiene etc., sondern vor allem auch pädagogische Prozesse so detailliert wie nötig beschrieben werden müssen, damit Qualität auf allen Ebenen garantiert werden kann.

Verfahren, die dabei helfen, wirklich alle Aspekte einer Organisation in den Blick zu nehmen, bezeichnet man heute üblicherweise als Qualitätsmanagementsysteme. Das Qualitätsmanagementsystem einer Kindertageseinrichtung hat demnach die Aufgabe, sicherzustellen, dass Kindern, Eltern und Zuschussgebern die hohe Qualität der Dienstleistung „Erziehen, Bilden und Betreuen" nicht nur versprochen, sondern auch tatsächlich garantiert wird. Dazu müssen alle Dimensionen von Qualität gleichwertig berücksichtigt werden und die Orientierung an einem hohen Qualitätstandard muss in allen Phasen der Leistungserbringung sichergestellt sein. Ein Qualitätsmanagementsystem muss deshalb auch all die Prozesse erfassen, die zur Erbringung der verschiedenen Leistungen erforderlich sind – mit anderen Worten: es muss ganzheitlich und umfassend sein.

Ein auf alle Aspekte einer Einrichtung ausgerichtetes, Qualität garantierendes Managementsystem wird heute oft auch als „Total Quality Management System" bezeichnet. Es umfasst alle Dimensionen, die die Qualität einer Organisation und eines Produktes beeinflussen können.

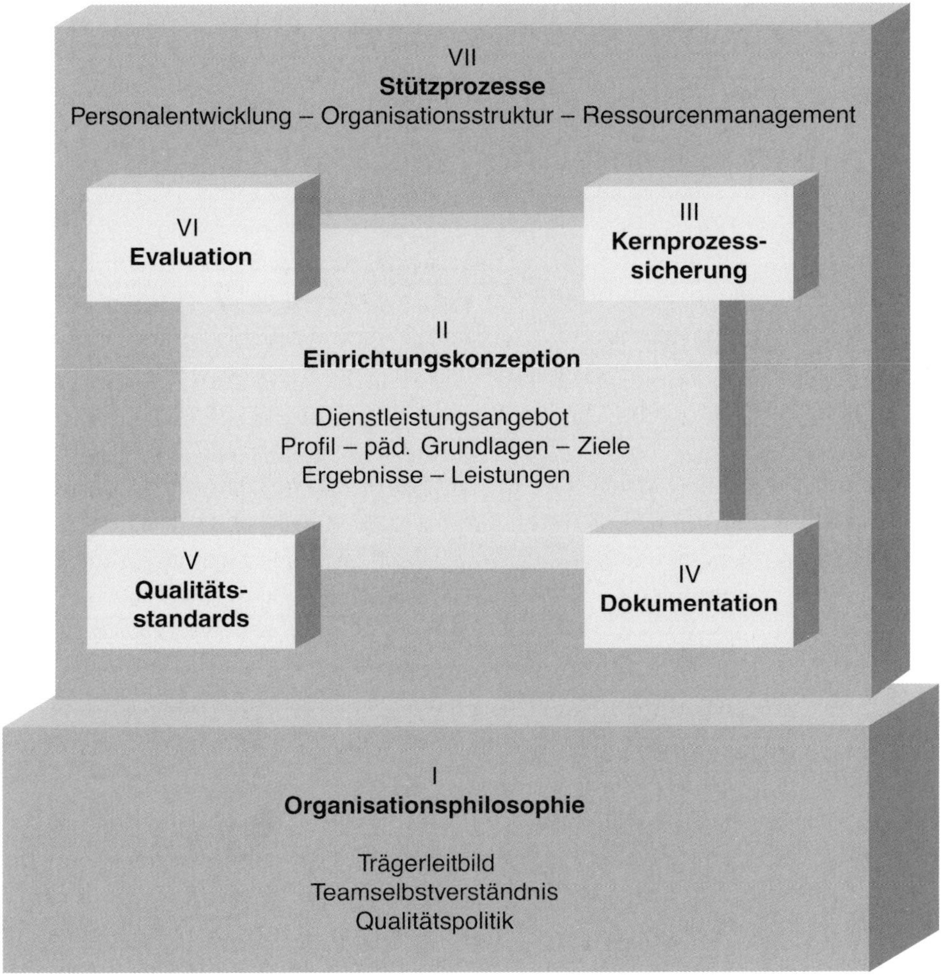

Die Dimensionen eines Qualitätsmanagementsystems

Das Qualitätshandbuch

Der Ort, an dem alle beim Aufbau des Qualitätsmanagementsystems formulierten Ergebnisse zusammengefasst werden, ist das Qualitätsmanagementhandbuch, das der Einfachheit halber meist als Qualitätshandbuch (siehe dazu auch: Erath/Schwarzkopf, 2004) bezeichnet wird.

> Das Qualitätsmanagement- bzw. Qualitätshandbuch ist ein Vorgabendokument, das eine zusammenfassende Beschreibung des gesamten einrichtungseigenen Qualitätsmanagementsystems enthält.

Der Vorteil eines solchen Handbuchs besteht darin, dass das gesamte System sehr leicht überblickt werden kann und demzufolge Lücken schnell erkannt werden können.
Um ein übersichtliches und klares Qualitätsmanagementsystem aufzubauen, empfiehlt sich eine Dreiteilung des Qualitätshandbuchs mit folgender Gliederung:

1. Ein erster, allgemeiner Teil enthält die grundlegenden Aussagen über alle Teilaspekte des Systems. Dieser Teil hat den Charakter eines Angebots und eines Versprechens: „Seht, wer wir sind, was wir bieten und wie wir es umsetzen werden!“
2. Ein zweiter, spezieller Teil umfasst vier Unterkapitel, in denen die geltenden pädagogischen Qualitätsstandards, die strukturellen Standards und Vorgaben, das Evaluationssystem und das Dokumentationssystem geordnet dargestellt werden. Diese Bereiche sichern das im allgemeinen Teil abgegebene Qualitätsversprechen durch klare Vorgaben und Regelungen. Alle relevanten Prozesse werden hier benannt und so ausführlich beschrieben, dass die Mitarbeiterinnen und MItarbeiter sowohl fehlerfrei als auch auf hohem qualitativem Niveau arbeiten können.
3. Ein dritter Teil enthält dann die Anlagen, in denen alle weiteren wichtigen Dokumente (z. B. die Ergebnisse der Situationsanalysen) oder Vorgaben (Sicherheitsbestimmungen, Wartungsverträge etc.), die in der Einrichtung Verwendung finden, gesammelt aufbewahrt werden. Hier geht es vor allem darum, alle relevanten Vorgaben von außen darzustellen und sie allen Mitarbeiterinnen und Mitarbeitern bekannt zu machen.

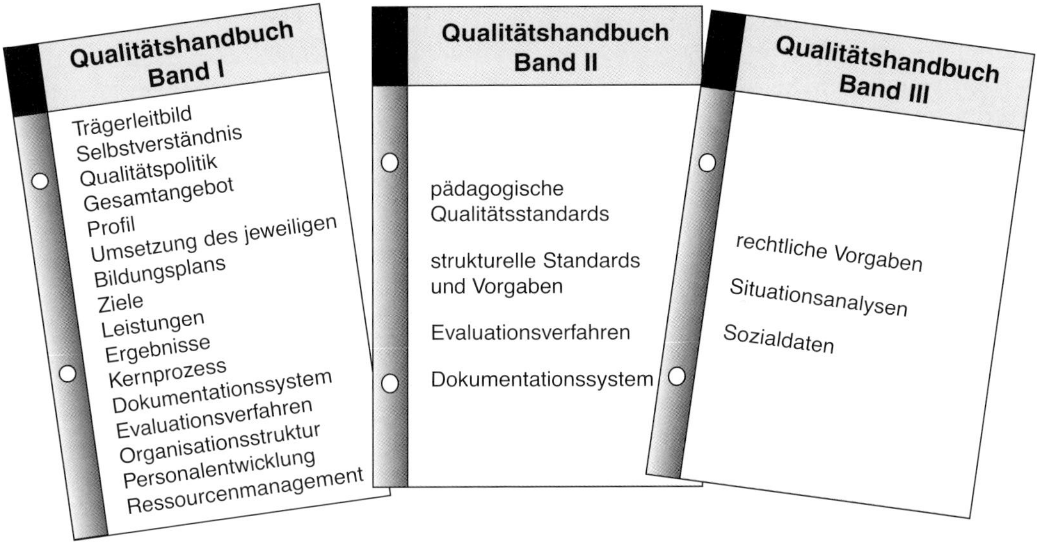

Band I des Qualitätshandbuchs

Die einzelnen Teilaspekte in Band I des Qualitätshandbuchs müssen kurz und prägnant auf den Punkt gebracht werden. Nur dann ist eine klare Positionierung der Einrichtung und ein entsprechender Aufforderungscharakter nach innen (d. h. in Bezug auf die Mitarbeiterinnen und Mitarbeitern) und ein Anspruchscharakter nach außen (d. h. in Bezug auf die Eltern) möglich.

Trägerleitbild

Das Leitbild dient dazu, die Position des Trägers und der Einrichtung auf den Punkt zu bringen und schriftlich zu präsentieren. Es ist langfristig angelegt und dient als Orientierungsrahmen für die zukünftige Entwicklung der Einrichtung. Im Leitbild finden sich insbesondere

- Aussagen zu Normen und Werten,
- Grundsatzaussagen und Leitsätze,
- Beschreibungen des Zwecks der Einrichtung,

- Aussagen zu den Leistungen der Einrichtung, zur Finanzierung, zu ihrer Organisation bzw. ihren Strukturen sowie der Personalsituation.

Ein Leitbild kann über eine Wertediskussion entstehen, die vom Träger allein oder vom Träger und vom Team gemeinsam geführt werden kann. Fragen, die im Prozess der Leitbildentwicklung gestellt werden können, sind z. B.: Wie sehen unsere Visionen aus? Wie sehen wir unsere Interessenspartner und was wollen wir ihnen bieten? Wie wünschen wir uns unseren beruflichen Alltag und was sind wir bereit, dazu einzubringen?

Eine engagierte Diskussion um ein Leitbild ist wichtig. Sie kann bisher nur vage vorhandene persönliche Vorstellungen zu einer konkreten Position weiterentwickeln; sie kann dazu beitragen, die eigene Einstellung zu konkretisieren, sich diese bewusst zu machen und dadurch ein zielgerichtetes Arbeiten erleichtern.

Selbstverständnis

Im „Selbstverständnis" werden die zentralen gemeinsamen Werte und Überzeugungen des Teams in Bezug auf die Arbeit mit den Kindern und den Eltern zum Ausdruck gebracht. Außerdem werden hier wichtige allgemeine Anforderungen an jedes einzelne Teammitglied sowie an die gemeinsame Teamarbeit formuliert. Grundsätzliche Fragen bei der Entwicklung eines Textes zum Teamselbstverständnis können sein:

- Was zeichnet die einzelne Mitarbeiterin bzw. den einzelnen Mitarbeiter aus? Wie sehen wir uns selbst?
- Welche wichtigen Merkmale oder Eigenschaften charakterisieren unsere Zusammenarbeit im Team?
- Wie sehen wir die Kinder und Eltern, und wie lässt sich unser Umgang mit ihnen beschreiben?

Qualitätspolitik

Aussagen zur Qualitätspolitik einer Einrichtung bringen den nachhaltigen Willen von Träger, Leitung und Team zum Ausdruck, einen hohen Qualitätsstandard zum Ausgangs- und Endpunkt aller Bemühungen zu machen. Hierbei muss insbesondere deutlich werden, dass alle Mitarbeiterinnen und Mitarbeiter in den Prozess der kontinuierlichen Weiterentwicklung der Einrichtung miteinbezogen werden und die Leitung die Gesamtverantwortung für die Umsetzung der Qualitätspolitik erhält. Ein entsprechender Text sollte die oben angegebenen Aspekte beinhalten, wichtig ist dabei aber auch, die Sätze so zu formulieren, dass das angestrebte Qualitätsniveau der Einrichtung deutlich zum Ausdruck kommt.

Gesamtangebot der Einrichtung

Das Gesamtangebot einer Einrichtung ist eine Reaktion auf die konkreten Erwartungen von Eltern und Kindern sowie auf den aktuellen regionalen oder überregionalen Bedarf. Ist das Angebot in einer bestimmten Hinsicht einzigartig, dann erlaubt es zugleich die Profilbildung. Aussagen zum Gesamtangebot beziehen sich auf die Anzahl und Art der Kin-

dertagesstättenplätze, auf die räumliche Ausstattung und auf besondere, zusätzliche Leistungen.
Auch hier ist wichtig, dass die Einrichtung in Worten – und möglicherweise mit Fotos – positiv und ohne Übertreibungen (allerdings auch ohne zu viel Bescheidenheit) dargestellt wird.

Profil

Das Profil einer Einrichtung macht deutlich, inwiefern die Kindertagesstätte ihr Angebot in einem oder mehreren Punkten so pointiert und differenziert gestaltet, dass sie sich nicht nur von den anderen, umliegenden Einrichtungen deutlich unterscheidet, sondern auch eine hohe Eigenständigkeit erlangt. Mögliche Profilbildungen können im pädagogischen Bereich liegen (z. B. in einem Waldkindergarten, einer überdurchschnittlichen Beteiligung der Eltern etc.), sie können aber auch dem Zielgruppenbereich (z. B. bei der Aufnahme von Kindern mit Behinderungen, von Krippen- oder Hortkindern etc.) zugeordnet sein. Wichtig ist hier nur, dass klar erkennbar wird, dass die Einrichtung über das normale Maß des Erwartbaren hinausgeht und sich somit deutlich profiliert.

Pädagogische Grundlagen / Umsetzung des jeweiligen Bildungsplans

Unter dieser Rubrik sollte die Einrichtung Aussagen darüber machen, an welchem Bildungsplan sie sich orientiert, welche wichtigen Ziele und Inhalte dieser umfasst und in welcher didaktisch-methodischen Weise den Vorgaben entsprochen wird. Dadurch können Außenstehende einen Einblick in die Arbeit der einzelnen Kindertagesstätte gewinnen und die Gewissheit haben, dass sich die Einrichtung tatsächlich an den Vorgaben orientiert und diese entsprechend umsetzt.

Pädagogische Ziele / Ziele der Elternarbeit

Im Bereich „Ziele“ werden Aussagen darüber gemacht, was in der Einrichtung im Einzelnen angestrebt wird. Die Ziele resultieren aus einer Analyse der Erwartungen und Bedürfnisse der möglichen Zielgruppen einerseits sowie der Situation vor Ort andererseits. Eine Kindertageseinrichtung in einem sozialen Brennpunkt wird andere Ziele formulieren als etwa eine in einem Stadtteil mit Kindern aus gutbürgerlichen Familien. Bei der Zielbestimmung kommt es entscheidend darauf an, Ziele so zu formulieren, dass das Zielversprechen deutlich zum Ausdruck kommt und

die Zielerreichung auch tatsächlich überprüft werden kann.
Die Ziele haben die oberste Priorität innerhalb der Organisation und müssen umgesetzt werden. Deshalb sollte bei der Zielfestlegung und -formulierung gut geprüft werden, wie hoch diese Ziele angesetzt werden können. Andererseits gilt aber auch: Sind die Ziele zu anspruchslos formuliert, dann muss die Einrichtung damit rechnen, dass sie sowohl nach innen als auch nach außen an Attraktivität verliert.

Leistungen

Um die Ziele erreichen zu können, müssen bestimmte Leistungen vorgehalten werden. Tagtäglich bieten Erzieherinnen und Erzieher vielfältige Leistungen an: Sie reichen von der morgendlichen Begrüßung über Formen des Freispiels, gruppeninterne oder gruppenübergreifende Aktivitäten und gemeinsame Sing- oder Turnveranstaltungen bis hin zu Ausfügen und Festen. Die Nennung von Leistungen klärt darüber auf, mit welchen Mitteln eine Einrichtung die formulierten Ziele erreichen möchte. Als Leistungen dürfen nur solche Angebote bezeichnet werden, die tatsächlich regelmäßig erbracht werden. Bei der Formulierung der jeweiligen Leistungsbegriffe ist darauf zu achten, dass sie attraktiv und klar definiert sind und auf die Ziele zurückverweisen. Für die Erbringung der Leistung sind Qualitätsstandards zu entwickeln.

Ergebnisse

Die Benennung möglicher Ergebnisse gibt dem Nutzer einer Kindertagesstätte darüber Auskunft, an welchen Wirkungen oder Erfolgen die Einrichtung die Zielerreichung misst. So kann z. B. das Ziel der „zunehmenden Selbstständigkeit der Kinder“ mithilfe des Beobachtungsbogens festgestellt werden. Außerdem kann über Fragebögen erhoben werden, wie zufrieden die Eltern mit der Entwicklung der Kinder und der Arbeit in der Einrichtung sind. Insgesamt gesehen kommt es hier vor allem darauf an, die Kriterien anzugeben, die bei der Überprüfung der Zielerreichung (siehe dazu auch die Ausführungen zum Thema „Evaluationssystem“) verwendet werden.

Kernprozess

Als „Kernprozess“ bezeichnet man die zentrale Aufgabenstellung einer Organisation oder eines Unternehmens. Auch, wenn jede Kindertageseinrichtung eigene Ziele formulieren kann, so muss sie sich doch immer an der (per Gesetz vorgegebenen) Verpflichtung zur Erziehung, Bildung und Betreuung der Kinder orientieren und diesen Kernprozess durch geeignete Vorkehrungen überprüfen und sichern. Zusätzlich können aber weitere Schlüsselprozesse benannt und beschrieben werden, die den Kernprozess unterstützen. Der Kernprozess „Erziehen, Bilden und Betreuen" kann durch ganz unterschiedliche Vorkehrungen gesichert werden:

- Auf der Ebene der Prozessgestaltung durch den ständigen Dialog mit allen Interessenspartnern, insbesondere durch den regelmäßigen Austausch mit den Eltern über die Entwicklung ihrer Kinder (z. B. im Rahmen des Aufnahme-, Entwicklungs- oder Beratungsgesprächs),
- auf der Ebene der Prozessplanung durch die gezielte Planung aller pädagogischen Leistungen (z. B. in Form der Jahres- und Wochenplanung oder der offenen Planung etc.),
- auf der Ebene der Prozesslenkung durch die regelmäßige Beobachtung aller Kinder und die Dokumentation und Auswertung der erzielten Ergebnisse sowie durch die Durchführung ausgewählter Fördermaßnahmen für die Kinder mit besonderen Problemen und die Zusammenarbeit mit Fachdiensten und Therapeuten.

Dokumentationssystem

Das Dokumentationssystem einer Einrichtung enthält alle Dokumentvorlagen, die bei der Vorbereitung, Durchführung und Bewertung sämtlicher Vorgänge Verwendung finden, welche die pädagogische Arbeit und die organisatorischen Prozesse betreffen. Es sollte so angelegt sein, dass folgende Anforderungen erfüllt werden:

1. Alle Dokumente werden in eine Gesamtsystematik eingegliedert, sodass es den Mitarbeiterinnen und Mitarbeitern sehr leicht fällt, die einzelnen Aufzeichnungen schnell wiederzufinden. So werden z. B. die Akten der einzelnen Kinder und Gruppen in den Gruppen selbst aufbewahrt, während übergreifende Dokumente, wie z. B. die Teamunterlagen oder Schriftstücke zur Kooperation mit anderen Einrichtungen, im Zimmer der Leitung zu finden sind. Insbesondere die Kindertagesstättenleitung kann dann leicht auf bestimmte Dokumente Zugriff nehmen, und niemand muss lange suchen.
2. Jedes Dokument ist in sich systematisch gegliedert und erleichtert deshalb die Vor-

bereitung, Durchführung und Reflexion eines Prozesses. So enthält z. B. das Protokoll eines Elterngesprächs eigene Sparten zur Dokumentation der Vorbereitung, der Durchführung und der Bewertung des Gesprächs.

Evaluationssystem

Evaluationsverfahren dienen der systematischen Bewertung und Auswertung aller durchgeführten Leistungen und Prozesse sowie der Feststellung und Überprüfung der dabei erzielten Ergebnisse. Auf diese Weise können Fehler früh erkannt und Veränderungen rechtzeitig vorgenommen werden. Evaluation kann in Form von Selbstbewertung und/oder in Form von Fremdbewertung durchgeführt werden. Bei der Verschriftlichung des Evaluationssystems gilt es, die jeweils verwendeten Verfahren kurz zu schildern. Im Anhang müssen sie dann hinsichtlich ihrer Durchführungsweise genauer beschrieben werden.

Organisationsstruktur

Die Organisationsstruktur regelt Verantwortungsbereiche und Befugnisse, Verfahrensschritte und Kommunikationslinien. Dabei ist es wichtig, dass eine Einrichtung eine klare Struktur entwickelt, wodurch ein gezieltes und koordiniertes Handeln aller Mitarbeiterinnen und Mitarbeiter möglich wird. Ähnlich wie beim Konzept der Personalentwicklung gilt es auch hier, im „Allgemeinen Teil“ des Handbuchs (d. h. in Band I) lediglich die wichtigsten Gremien und ihre Aufgaben darzulegen. Detaillierte Darstellungen befinden sich dann in Band II, im Kapitel „Strukturelle Standards“.

Personalentwicklung

Je größer eine Einrichtung ist bzw. über je mehr Einrichtungen ein Träger verfügt, desto wichtiger wird die gezielte und strukturierte Entwicklung des Personals. Gerade, weil die pädagogischen Fachkräfte in Kindertagesstätten meist weiblich sind und infolgedessen mit einer hohen Fluktuation der Mitarbeiterinnen zu rechnen ist, müssen die Maßnahmen zur Personalentwicklung sicherstellen, dass durch den häufigen Wechsel, insbesondere auch in Leitungspositionen, die Gesamtqualität der Einrichtung(en) nicht beeinträchtigt wird.

Wichtige Instrumente einer solchen Personalentwicklung können sein:

- die gezielte Feststellung des Fortbildungsbedarfs der Mitarbeiterinnen und Mitarbeiter,

- klar strukturierte Ausschreibungsverfahren,
- systematische Auswahlverfahren, die vor dem Hintergrund klarer Aufgaben- und Kompetenzprofile durchgeführt werden,
- Förderung von geeignetem einrichtungseigenem Nachwuchs für die Leitungspositionen,
- Förderung sozialer Kontakte zwischen den Mitarbeiterinnen und Mitarbeitern,
- regelmäßige Anerkennung der Leistungen der Mitarbeiterinnen und Mitarbeiter.

Auch das Personalentwicklungskonzept muss im „Allgemeinen Teil“ des Qualitätshandbuchs (also in Band I) nur kurz mit seinen wesentlichen Instrumenten dargestellt werden. Im Kapitel „Strukturelle Standards“ in Band II müssen diese dann näher beschrieben werden.

Ressourcenmanagement

Unter dem Begriff „Ressourcen“ verstehen wir in der Regel „Mittel“, „Hilfsmittel“ oder „Rohstoffe“, die es erlauben, eine bestimmte Tätigkeit oder Aufgabe anzugehen und auszuführen. Im Rahmen des Managements von Kindertageseinrichtungen können neben den regulär zur Verfügung stehenden Geldern auch weitere Finanzmittel (z. B. durch Spenden oder Sponsoringmaßnahmen) eingeworben werden. Das Ressourcenmanagement beschreibt dabei, wie die vorhandenen Mittel geplant und eingesetzt werden und wie ihre korrekte Verwendung überprüft wird.

Band II des Qualitätshandbuchs

Prozess-Qualitätsstandards

Prozess-Qualitätsstandards dienen der genauen Beschreibung einzelner, von den Mitarbeiterinnen und Mitarbeitern zu erbringender Leistungen. Da in einer großen Einrichtung vielfältige Prozesse definiert werden müssen, empfiehlt es sich, das Gesamtkonzept in einzelne Teilkonzeptionen zu untergliedern und dann die einzelnen, darauf bezogenen Standards zu entwickeln. Dokumente werden, soweit erforderlich, gleich an die jeweiligen Standards „angehängt“.

Jedes Teilkonzept muss dann wiederum in die einzelnen Qualitätsstandards, Leitfäden, Checklisten etc. aufgegliedert werden. Die

Teilkonzeptionen einer Kita

1 Pädagogische Prozesse (PRO-QS)
1.1 Kernprozess
1.2 Pädagogische Grundlagen und Rahmenbedingungen
1.3 Pädagogische Angebote
1.4 Zusammenarbeit mit den Eltern
1.5 Inhaltliche Schwerpunkte
1.5.1 Schulvorbereitende Aktivitäten
1.5.2 Bewegungsförderung
1.5.3 Sprachförderung
1.5.4 Integration
1.5.5 Gender
1.5.6 Interkulturelle Erziehung
1.5.7 Ernährung
1.5.8 Gemeinwesenarbeit
1.6 Erweiterte Angebotsformen
1.6.1 Krippe
1.6.2 Hort
1.6.3 Alterserweiterte Familiengruppe

Aufgliederung z. B. des Kernprozesses (siehe dazu S. 134) führt dabei vor Augen, in welche vielfältigen Prozesse ein einzelnes Teilkonzept zerlegt werden muss. Denn nur dadurch kann der Begleit- und Unterstützungsvorgang für jedes einzelne Kind und seine Eltern erfolgreich gesteuert werden, der sich vor dem Hintergrund der Anforderungen (z. B. seitens der Bildungspläne) vollzieht.

Strukturelle Qualitätsstandards

Strukturelle Qualitätsstandards (siehe dazu S. 135) dienen der Beschreibung der einzelnen Funktionen, Gremien und wichtigen strukturellen Verfahren. Ausgangspunkt ist ein Organigramm, in dem alle Funktionen und Gremien in ihrer Beziehung zueinander dargestellt werden, sowie die Festlegung wichtiger struktureller Verfahren, also z. B. der Verfahren der Personalentwicklung und der Öffentlichkeitsarbeit oder der Verfahren zur Einhaltung von Hygiene- oder Sicherheitsvorschriften.

Evaluationssystem

Das Evaluationssystem (siehe dazu S. 136) umfasst alle Verfahren, die zur Evaluation einzelner Qualitätsaspekte in einer Einrichtung vorgesehen sind. Dabei kommt es nicht darauf an, dass alle diese Verfahren jährlich angewendet werden. Im Gegenteil: Dies würde zu einer völligen Überfrachtung des Zeitplans und zu einer Verringerung der Aufmerksamkeit gegenüber einzelnen Qualitätsaspekten führen. Daher setzen die Leitung und das Team im Rahmen des Evaluationsplanes jährliche Schwerpunkte. Auf diese Weise ist sichergestellt, dass die Qualität der einzelnen Prozesse regelmäßig und konzentriert ausgewertet sowie entsprechend weiterentwickelt wird.

Aufgliederung des Kernprozesses in einzelne Standards

3.1 Information

3.1.1.1 STR-QS: Öffentlichkeitsarbeit

3.2 Aufnahme

3.2.1.1 PRO-QS: Aufnahmegespräch
3.2.1.2 Doku: Aufnahmegespräch
3.2.2.1 PRO-QS: Kennenlerngespräch
3.2.2.2 Doku: Kennenlerngespräch

3.3 Eingewöhnung

3.3.1.1 GL: Eingewöhnung
3.3.2.1 Doku: Eingewöhnungszeit
3.3.3.1 PRO-QS: Eingewöhnungsgespräch
3.3.3.2 Doku: Eingewöhnungsgespräch

3.4 Entwicklungsbegleitung

3.4.1.1 PRO-QS: Anlegen eines Portfolios
3.4.1.2 Doku: Portfolio
3.4.2.1 PRO-QS: Kinderbogen
3.4.2.2 FB: Kinderbogen
3.4.3.1 PRO-QS: Lern- und Entwicklungsdokumentation / Lerndispositionen
3.4.3.2 Doku: Lern- und Entwicklungsdokumentation / Lerndispositionen
3.4.4.1 PRO-QS: Auswertung der Lern- und Entwicklungsdokumentation
3.4.4.2 Doku: Zusammenfassung der Lern- und Entwicklungsdokumentation
3.4.5.1 PRO-QS: Entwicklungsgespräch
3.4.5.2 Doku: Entwicklungsgespräch

3.5 Übergang in die Schule

3.5.1.1 PRO-QS: Abschlussgespräch
3.5.1.2 Doku: Abschlussgespräch
3.5.2.1 PRO-QS: Übergangsgespräch
3.5.2.2 LF: Übergangsgespräch
3.5.2.3 Doku: Übergangsgespräch

Strukturelle Qualitätsstandards

1. Organigramm
2. Vertreter/in des Trägers
3. Kita-Leitung
4. Gruppenleiter/in
5. Pädagogischer Mitarbeiter/in
6. Qualitätsbeauftragte/r
7. Pädagogisches Team
8. Tagesstättenteam
9. Gruppenteam
10. Projektteam
11. Qualitätszirkel
12. Zielvereinbarungsgespräch
13. Mitarbeiter/innengespräch
14. Mitarbeiter/innenauswahl
15. Mitarbeiter/innenfortbildung
16. Praktikant/innenanleitung
17. Öffentlichkeitsarbeit
18. Jahresbericht der Kita-Leitung
19. Sicherheit
20. Hygiene

Evaluationssystem

1. Evaluationsplan
1.1 EVA-QS: Evaluationsplan
1.2 EVA-Doku: Evaluationsplan
2. Elternbefragung (allgemein)
2.1 EVA-QS: Elternbefragung (allgemein)
2.2 FB: Elternbefragung (allgemein)
3. Entlassbefragung
3.1 EVA-QS: Entlassbefragung
3.2 FB: Entlassbefragung
4. Mitarbeiter/innenbefragung
4.1 EVA-QS: Mitarbeiter/innenbefragung
4.2 FB: Mitarbeiter/innenbefragung
5. Qualität der Teamarbeit
5.1 EVA-QS: Qualität der Teamarbeit
5.2 EVA-Doku: Qualität der Teamarbeit
6. Raumqualität/Materialauswahl
6.1 EVA-QS: Raumqualität/Materialauswahl
6.2 EVA-Doku: Raumqualität/Materialauswahl
7. Erzieher/innenverhalten
7.1 EVA-QS: Erzieher/innenverhalten
7.2 EVA-Doku: Erzieher/innenverhalten
8. Kinderversammlung
8.1 EVA-QS: Kinderversammlung
8.2 EVA-Doku: Kinderversammlung
9. Angebote
9.1 EVA-QS: Angebote
9.2 EVA-Doku: Angebote (Jahresdoku)
10. Projektarbeit
10.1 EVA-QS: Projektarbeit
10.2 EVA-Doku: Projektarbeit
11. Gemeinwesenarbeit
11.1 EVA-QS: Gemeinwesenarbeit
11.2. EVA-Doku: Gemeinwesenarbeit
12. Elternabend
12.1 EVA-QS: Elternabend
12.2 FB: Elternabend
13. Fortbildung
13.1 EVA-QS: Fortbildung
13.2 EVA-Doku: Rückmeldung Fortbildung
14. Beschwerdemanagement
14.1 EVA-QS: Beschwerdemanagement
14.2 EVA-Doku: Beschwerdemanagement (Jahreszusammenfassung)
15. Managementbewertung
15.1 EVA-QS: Managementbewertung
15.2 EVA-Doku: Managementbewertung

Dokumentationssystem

Das Dokumentationssystem (siehe S. 138) bildet systematisch alle Vorgänge in der Einrichtung ab, die in irgendeiner Weise als Dokument verschriftlicht werden. Man könnte hier auch von einem Aktenplan sprechen. Kennzeichen eines guten Dokumentationssystems sind Klarheit und schnelle Auffindbarkeit. Dabei ist zu beachten, dass ein Teil der Dokumentation auf Gruppenebene stattfindet und nur übergreifende Dokumente auf Einrichtungsebene abgelegt werden. Je nachdem ist dann die Gruppenleiterin bzw. der Gruppenleiter oder die Leitung der Kindertagesstätte für die ordnungsgemäße Führung des Dokumentationssystems verantwortlich.

Band III des Qualitätshandbuchs

Band III des Qualitätshandbuchs enthält alle weiteren wichtigen Vorgaben und Unterlagen, die für eine ordnungsgemäße und qualitativ hochwertige pädagogische Arbeit wichtig sind. Über diesen Teil erhalten die Mitarbeiterinnen und Mitarbeiter z. B. Zugang zu den einschlägigen Gesetzen und Vorschriften, sie bekommen Einblick in wichtige Daten, in Vorgaben des Trägers etc. Dabei ist es vor allem Sache der Leitung zu entscheiden, zu welchen Dokumenten die Mitarbeiterinnen und Mitarbeiter einen direkten Zugang haben sollten und welche Texte nur einmal vorhanden sein sollen und daher nur an zentraler Stelle eingesehen werden können.

Schlussbemerkung

Beim Aufbau eines Qualitätshandbuchs muss man sich darüber im Klaren sein, dass es erst dann vollständig ist, wenn zu allen Teilaspekten des Systems eindeutige Aussagen gemacht werden und diese auch aufeinander abgestimmt sind. Ist das der Fall, so kann das System „geschlossen“ werden. Es ist jetzt nicht nur in der Lage, die versprochenen Ziele und Leistungen wirklich umzusetzen und eine hohe Qualität beim Erbringen der Leistungen zu sichern, es erlaubt darüber hinaus auch, die laufende Praxis permanent zu beobachten und zu verbessern. Dazu muss nicht jeweils das ganze Qualitätsmanagementsystem verändert werden. Aufgrund der klaren Gliederung lassen sich Einzelaspekte, Teilkonzeptionen etc. verbessern, ohne dass die gesamte Organisation ins Wanken gerät. So wird die „lernende Organisation“ Realität.

Übersicht: Dokumentationssystem								
01 Personal	02 Kinderakte	03 Eltern	04 Hauswirtschaft	05 Seestadt Immobilien	06 Pädagogische Arbeit	07 Sicherheit und Gesundheit	08 Budget	09 QMS
1.1 Stellenbe- schreibung	2.1 Kinderordner I (Kiga-Bereich)	3.1 Gruppenver- sammlung	4.1 Speisepläne	5.1 Außengelände	6.1 pädagogische Fachart.	7.1 Checkliste Spiel- geräte, Material	8.1 Ausgaben- entwicklung, Bestellungen	9.1 Rahmenplan
1.2 Päd. Personal	2.2 Kinderordner II (Hort-Bereich)	3.2 Elternbeirats- sitzungen	4.2 Hygiene	5.2 Gehweg- reinigung	6.2 Projektarbeit (Doku)	7.2 Unfallmeldungen	8.2 Rechnung / Lieferung	9.2 QHB I
1.3 Hauswirtschaftl. Personal	2.3 Abgemeldete Kinder	3.3 Gesamteltern- vertretung	4.3 Lebensmittel- überwachung	5.3 Glasreinigung	6.3 Angebote (Doku)	7.3 Diebstahl, Einbruch, Schäden etc.	8.3 Garantie- scheine, Bedienungsan- leitungen	9.3 QHB II
1.4 Stunden- berechnung	2.4 Neue Anträge, Warteliste, Neue Verträge	3.4 Zentraleltern- vertretung		5.4 Gebäudebe- wirtschaftung		7.4 Gefahrenanalyse	8.4 Verpflegung, Abrechnung, Warenart- kartei	9.4 QHB III
1.5 Dienstpläne	2.5 Gruppenakte Kiga u. Hort	3.5 Elterninfo		5.5 Müllabfuhr			8.5 Handkasse	9.5 Hauskonzept
1.6 Mitarbeiterver- tretung	2.6 Kinderkartei	3.6 Elternbefra- gung		5.6 Schädlings- bekämpfung			8.6 Belegliste	9.6 Jahresplanung
1.7 Mehrarbeits- stunden / Überstunden				5.7 Baupläne			8.7 Inventarlisten	
1.8 Praktikanten				5.8 Energiebe- wirtschaftung			8.8 Lebensmittel-, Hygienebe- stimmungen	
1.9 Fortbildung/ Arbeitskreise				5.9 Reinigungs- und Putzmittel- bestellung				
1.10 Abwesenheits- liste				5.10 Objektliste				

V. Gelungene Beispiele für die Bewältigung der neuen Herausforderungen

Die folgenden drei Beispiele sollen einen Einblick in ausgewählte „best-practice"-Formen geben, die im Zusammenhang mit der Umsetzung der Bildungspläne bzw. der personenbezogenen Bezuschussung erarbeitet wurden.

Das erste Beispiel (S. 140ff.) ist einen Auszug aus einer Arbeitshilfe, die von einer Entwicklungsgruppe (Kirsten Hanschen, Petra Henze, Ursula Kohlstock, Petra Rannenberg-Schwerin, Jutta Rothe, Marita Sickinger, Lotta Ubben) zur Umsetzung des Rahmenplans für Bildung und Erziehung im Elementarbereich der Freien Hansestadt Bremen entworfen worden ist. Die Arbeitshilfe bietet Unterstützung bei der Entwicklungsbegleitung des Kindes in der Kindertagesstätte.

Das zweite Beispiel (S. 145ff.) zeigt den Aufbau und die Benutzeroberfläche eines Softwareprogramms, das der Caritasverband Eichstätt (Bayern) für seine Mitgliedseinrichtungen entwickelt hat. Das Programm ermöglicht den Einrichtungen auf einfachste Weise die Gesamtkalkulation der Ressourcen und Ausgaben – jeweils in Relation zum Buchungsstand durch die Eltern –, sowie die Erstellung von Aussagen über die konkret entstehenden Kosten pro Betreuungsstunde bzw. Monat und über die Auswirkungen von Investitionen etc.

Das dritte Beispiel (S. 149ff.) schließlich stellt ein von Rainer Büttner aus Freiburg entwickeltes Dokumentationssystem vor, das es erlaubt, die Angebote einer Einrichtung auf die Ziele des jeweiligen Bildungsplans zu beziehen. Auf diese Weise kann sichergestellt werden, dass alle Kinder die speziell für ihre Entwicklung wichtigen Angebote wahrnehmen und eine ihnen entsprechende individuelle Förderung erhalten.

Leserinnen und Leser, die ausführlichere Informationen über die drei Beispiele erhalten möchten, können sich auch direkt an die jeweils Verantwortlichen wenden, die entsprechenden E-Mail-Adressen finden sich jeweils unten im Text.

Portfolio und „Kinderbogen“

Ansprechpartnerin: Jutta Rothe
E-mail: jutta.rothe@magistrat.bremerhaven.de

Das Portfolio

Handreichung zum Einsatz des Portfolios: Teil A der Bremer Lern- und Entwicklungsdokumentation

Was ist ein Portfolio?

Ein Portfolio ist eine zweckgerichtete Sammlung der Arbeiten eines Kindes, die dem Kind selbst (und/oder den pädagogischen Fachkräften, den Eltern sowie anderen Personen) die eigenen Anstrengungen, den eigenen Fortschritt und den erreichten Leistungsstand in einem oder mehreren Bereichen aufzeigt.

Welchen Vorteil bietet die Arbeit mit einem Portfolio?

- Die Kinder lernen, für ihr eigenes Lernen Verantwortung zu übernehmen.
- Die Arbeit mit dem Portfolio befähigt zur Selbstbeurteilung.
- Sie fordert und fördert die Selbstständigkeit.
- Die Erzieherin bzw. der Erzieher erhält Einblick in die Lernwege und Lernergebnisse der Kinder.
- Das Portfolio eröffnet den Dialog zwischen der pädagogischen Fachkraft und dem Kind, aber auch zwischen den Kindern selbst.
- Das Portfolio stellt eine Grundlage für die Zusammenarbeit mit den Eltern dar.

Was kommt ins Portfolio hinein?

Bilder, Arbeitsblätter, Fotos (auch von Aktivitäten oder Produkten), Audiokassetten, Videoaufzeichnungen, Projektdokumentationen u.v.a. Wichtig: Auch Produkte, die von zu Hause mitgebracht werden (z. B. Fotos, aufgeschriebene oder gemalte Erlebnisse etc.), und Geschichten der Kinder usw. dürfen ins Portfolio aufgenommen werden.

In welcher Weise ist das Kind an seinem Portfolio beteiligt?

Das Kind ist bei der Anlage eines Portfolios der Hauptakteur: Es sammelt zunächst seine Arbeitsergebnisse, Bilder, Produkte, Fotos o.ä.; dann wählt es selbst aus, was seiner Ansicht nach wert ist, ins Portfolio aufgenommen zu werden. Zur Entwicklung eigener Kriterien (Warum soll genau dieses Bild ins Portfolio und nicht

die anderen?) braucht es zunächst die Unterstützung der Fachkraft. Das Kind wägt ab, beurteilt und bewertet seine Produkte. Die Kernprozesse bei der Erstellung eines Portfolios sind:

- Sammeln
- Auswählen
- Reflektieren
- Beurteilen und Bewerten

Wie sieht ein Portfolio konkret aus?

Portfolios können ganz unterschiedlich aussehen: Es können (selbst gestaltete) Mappen, Hefter, Ordner oder Schachteln verwendet werden. Die Hauptsache ist, dass man den Inhalt, der ja von der Form her sehr verschieden sein kann (siehe oben) gut ordnen kann. Außerdem sollte das Portfolio leicht zugänglich und einfach zu handhaben sein und in Herstellung und Nutzung wenig Zeitaufwand benötigen.

Wem steht das Portfolio zur Verfügung?
In erster Linie ist es das Portfolio des Kindes. Das Kind sollte beteiligt werden, wenn Eltern Einblick in das Portfolio nehmen möchten. Nach Beendigung der Kindergartenzeit sollte das Portfolio dem Kind und den Eltern ausgehändigt werden. Hilfreich ist allerdings eine Empfehlung der Fachkraft, wenn das Portfolio von den Eltern an die Schule weitergegeben werden soll.

Der „Kinderbogen“

Handreichung zum Einsatz des „Kinderbogens“: Teil B der Bremer Lern- und Entwicklungsdokumentation

Wozu dient der „Kinderbogen“?

- Er ist Teil des Portfolios (Teil A).
- Er dient der Entwicklung der Selbsteinschätzungsfähigkeit des Kindes.
- Er fördert die Selbstbeurteilung.
- Er ermöglicht den Dialog zwischen der pädagogischen Fachkraft und dem Kind, aber auch zwischen den Kindern selbst.
- Er bietet eine Grundlage für die Zusammenarbeit mit den Eltern.

Wann und wie oft sollte der „Kinderbogen“ eingesetzt werden?
Der „Kinderbogen“ sollte möglichst zweimal im Kindergartenjahr mit jedem Kind durchgearbeitet werden. Wenn ausreichend Zeit und Aufmerksamkeit zur Verfügung steht, kann er natürlich auch häufiger eingesetzt werden. Erste Erprobungen haben gezeigt, dass man pro Kind und Bogen ca. 15 Minuten einplanen sollte.

Welche Situationen eigenen sich besonders gut für den Einsatz des „Kinderbogens?
Es kann hilfreich sein, verschiedene allgemeine Punkte des „Kinderbogens“ z. B. im Morgenkreis allgemein anzusprechen. Die Bearbeitung selbst sollte jedoch nach Möglichkeit im Einzelgespräch mit dem Kind erfolgen. Je nach Konzept und Gruppensituation bieten sich z. B. die tägliche Ankunftszeit der Kinder in der Einrichtung oder die Freispielzeiten an, wo man sich jeweils mit einem Kind zurückzuziehen kann. Die Kinder werden es sehr genießen, diese exklusive Zeit in angenehmer Atmosphäre mit Ihnen

zu verbringen! Hier ein Praxisvorschlag: Definieren und gestalten Sie einen Tisch in einer ruhigen Ecke oder im Differenzierungsraum als „Interview-Tisch“, an dem diese wichtigen Gespräche stattfinden und an dem die Kinder anschließend im Rollenspiel die Situation fortsetzen könnten.

Muss ich die Fragen wörtlich übernehmen?

Die Fragen des „Kinderbogens“ können natürlich so wie sie dort stehen übernommen werden. Allerdings ist das jeweilige Sprachverständnis und der Erfahrungshintergrund der Kinder zu berücksichtigen. Der „Kinderbogen“ ist kein Test! Passen Sie die Fragen also sprachlich den Möglichkeiten der Kinder an. Finden Sie Beispiele, ziehen Sie Gesten, Gebärden oder Bilder als Hilfsmittel hinzu.

Wie soll ich die Antworten der Kinder aufschreiben?

Ganz wichtig ist: Es geht um die tatsächlichen Antworten des Kindes. Alles ist richtig! Das muss Sie nicht daran hindern, sich anschließend Notizen darüber zu machen, was Sie wahrgenommen haben. Aber das Kind soll in seinen Antworten nicht korrigiert werden, auch wenn Ihnen diese unlogisch erscheinen. Wenn Sie eine Antwort mal nicht nachvollziehen können, fragen Sie doch einfach nach.

Hinweise zu den einzelnen Fragen

1. Was hat dir in den letzten Wochen im Kindergarten am besten gefallen?

Noch nicht alle Kinder haben eine exakte zeitliche Vorstellung von der Aussage: „in den letzten Wochen“. Das macht nichts; wesentlich ist, dass die Kinder ein Bild von „Vergangenheit“ und „Gegenwart“ haben. Geben Sie, wenn nötig, entsprechende Hilfestellungen. So kann beispielsweise im Morgenkreis überlegt werden: „Was haben wir in der letzten Zeit im Kindergarten gemacht?“, und im Freispiel könnte man Fotos, Bilder oder andere Produkte von früheren Aktivitäten anschauen.

2. Mit wem spielst du am liebsten? Mit wem würdest du gerne mal spielen?

Diese Fragen können Kinder in der Regel gut beantworten. Eine nicht notwendige, aber für die Gruppenarbeit durchaus interessante Information könnte die Frage danach bringen, warum das so ist.

3. Was spielst oder tust du am liebsten ...
a. im Kindergarten?
b. zu Hause?

Auch bei dieser Frage bietet es sich an, erst einmal zu sammeln, was im Kindergarten und was zu Hause gespielt werden kann. Dabei sollte nicht vergessen werden, dass es in beiden Lebensbereichen auch ein „Draußen" gibt.

4. Was kannst du gut?

Bei dieser Frage sollten auch Stärken angeboten werden, die nicht im Bereich der kognitiven oder produktiven Fähigkeiten liegen, also z. B. trösten, Tisch decken, zuhören, Schleife binden, aufräumen, sich streiten und vertragen, zwei Sprachen sprechen, Wege finden, die eigene Meinung sagen, Nein sagen, puzzeln, Farben erkennen, bis ... zählen, basteln, malen, draußen spielen, Theater spielen, bauen u.v.m.

5. Was möchtest du bald können?

Hier stellt sich die Frage nach Zielen des Kindes, die in der Zukunft liegen.

6. Was sammelst du gerne?

Hat das Kind schon einen Begriff von „sammeln"? Was kann man sammeln? Was hat das Kind schon mal gesammelt?

7. Was wünschst du dir (mit Geld)?; was wünschst du dir (ohne Geld)?

Kinder im Alter zwischen drei und sechs Jahren haben sehr unterschiedliche Einschätzungen und Erfahrungen darüber, wozu in unserer Gesellschaft Geld benötigt wird. Um die Unterscheidung von „mit Geld" und „ohne Geld" zu erleichtern, können Beispiele gesammelt werden.

8. Warum bist du ein guter Freund bzw. eine gute Freundin?

Diese Frage soll die Fähigkeit zur Selbstreflexion und Selbsteinschätzung sowie das Selbstbewusstsein der Kinder stärken. Sie beginnen, über sich selbst nachzudenken oder mit anderen Kindern diese Frage zu erörtern. Für Kinder, die diese Frage (noch) nicht beantworten können, könnte es hilfreich sein, andere Kinder zu fragen: „Warum bin ich ein/e gute/r Freund/in?“

9. Ich bin ein tolles Kind, weil … / wenn …

Auch diese Frage dient der Förderung von Selbstreflexion, Selbsteinschätzung und Selbstbewusstsein. Als Auseinandersetzung mit den eigenen positiven Eigenschaften rundet sie den Kinderfragebogen ab.

10. Das bin ich am … (Datum)

Die Art und Weise, wie Kinder sich selbst zeichnerisch darstellen, gibt Aufschluss über den Stand ihrer Entwicklung und zeigt die Schritte der Weiterentwicklung im Verlauf eines Jahres. Auch wenn das Kind lieber großflächig malt, sollte es dazu angeregt werden, den vorgesehenen Rahmen zu nutzen. Bei dieser Aufgabe soll das Kind zwar motiviert und unterstützt, aber nicht korrigiert werden.

11. So schreibe ich meinen Namen …

Kinder sind, sobald sie einen Stift haben können, in der Regel daran interessiert, ihren Namen zu schreiben. Die Art und Weise, wie sie das tun, und welches Ergebnis dabei herauskommt, ist abhängig von Alter, Erfahrung und Entwicklungsstand. Diese kleine Aufgabe hat eine doppelte Bedeutung: Sie zeigt zum einen den Entwicklungsstand des Kindes in grafomotorischer Hinsicht auf und gibt dem Bogen zum anderen noch eine besondere Bedeutung, indem er vom Kind „unterschrieben“ wird.

Kalkulation von Elternbeiträgen

Ansprechpartnerin: Edith Schmitz
E-Mail: edith.schmitz@caritas-eichstaett.de

Das hier vorgestellte Excel-Berechnungsprogramm erlaubt die ständige Kostenüberwachung und die Kalkulation möglicher zukünftiger Alternativen. Es besteht aus folgenden Elementen:

1. einem Berechnungsprogramm zur Personalausstattung (Berechnung des Anstellungsschlüssels und des Qualifikationsschlüssels), das vor dem Hintergrund einer Kalkulation der Buchungszeiten für die Kinder die Überprüfung der Frage erlaubt, ob der gesetzlich vorgegebene Mindestanstellungsschlüssel (eine Erzieherin auf 12,5 Kinder) eingehalten bzw. der „empfohlene Schlüssel" (1:10) erreicht wird. Im vorliegenden Beispiel handelt es sich um eine zweigruppige Einrichtung mit 51 Kindern und vier Vollzeitkräften. Daraus ergibt sich (da behinderte Kinder nicht betreut werden, d. h. ohne Faktor 4,5) ein Anstellungsschlüssel von 1:10,71. Da die innerverbandliche Empfehlung 1:11 lautet, liegt die Einrichtung im Plan. Zugleich zeigt der Plan, dass die Mindestarbeitszeit für Fachpersonal (Erzieherinnen und Erzieher) mit 77 Stunden im Verhältnis zu den vorgeschriebenen 64,7 Stunden leicht überschritten wird. Auch hier hätte die Einrichtung theoretisch noch Möglichkeiten, Kürzungen vorzunehmen.
2. einem Kalkulationsmodell für die Staffelung zukünftiger Kindergartenbeiträge. In dieser Tabelle dient die Zusammenstellung der Buchungsstunden dazu, den zu erwartenden Zuschussbetrag durch Kommune und Land (Basiswert derzeit 763,71 Euro, somit 62.169,47 Euro, verdoppelt also 124.338,94 Euro für die hier gegebene Einrichtung) zu berechnen. Zieht man diese Summe vom Gesamthaushalt (in diesem Fall 175.100,00 Euro, inklusive 3 % Rücklagen) ab, dann lässt sich der monatliche bzw. stündliche Fehlbetrag (hier: 4.230,09 Euro bzw. 0,60 Euro pro Std.) errechnen, der durch Elternbeiträge ausgeglichen werden muss. Die Höhe der Elternbeiträge richtet sich nach der jeweils gewählten Variante, wobei hier die Möglichkeit besteht, zwischen einem linearen (Variante 1), einem auf Sockelbeträgen basierenden (Variante 2 und 3) und einem maximalen oder variablen Modell (Variante 4 und 5) zu wählen. Die maximale Variante wird oft von Kommunen angewandt, die darauf abzielen, dass in allen Kindertagesstätten die gleichen Gebühren angesetzt werden. Entstehen dann Mehrkosten, muss die Kommune zuschießen. Entstehen Deckungslücken, so bleibt der Einrichtung nichts anderes übrig, als höhere Beiträge festzusetzen, weniger Personal vorzuhalten oder die Buchungszeiten zu steigern.

Kindergarten St. Benedikt Stand

Buchungszeit laut Tabelle		Regelkind	beh. Kind	Sprachfaktor	0- bis 3-Jährige	Schulkinder	gesamt	
Faktor		1	4,5	1,3	2	1,2		
bis	2						0	0
bis	3				2		12	6
bis	4						0	0
bis	5	10		3			69,5	65
bis	6	14					84	84
bis	7	18					126	126
bis	8	4					32	32
bis	9						0	0
bis	10						0	0
gesamt Buchungszeit am Tag		46	0	3	2	0	323,5	313
					Gesamtkinder		51	

Personalverträge	Std/ Woche	Std/ Tag
1 Leiterin	38,50	6
2 Erzieherin	38,50	
3 Erzieherin		
4 Erzieherin		
5 Erzieherin		
6 Erzieherin		
7 Erzieherin		
8 Zweitkraft	38,50	6
9 Zweitkraft	35,50	
10 Zweitkraft		
11 Zweitkraft		
12 Zweitkraft		
13 Zweitkraft		
14 Zweitkraft		
gesamt pro Woche	151,00	30,20

Durchschnittliche Buchungzeit pro Kind/ Tag:	**6,34**	
ungewichtete Buchungsstunden	313	
Buchungen gewichtet	323,5	
Buchungen gewichtet ohne Faktor 4,5	323,5	
Mindestarbeitszeit/Woche	129,4	
Mindestarbeitszeit Fachpersonal	**64,7**	
Arbeitszeit Fachkräfte	**77,00**	Std. wöch.
Arbeitszeit Zweitkraft	74,00	Std. wöch.
Arbeitszeit insgesamt	151,00	Std. wöch.
Arbeitszeit insgesamt	30,20	Std. täglich
tatsächl. Anstellungsschlüssel 1:	**10,71**	

Mindestanstellungsschlüssel nach Art. 17(1) BayKiBiGV (1:12,5) eingehalten.

Empfohlener Schlüssel nach Art. 17(1) BayKiBiGV (1:10) nicht eingehalten.

Qualifikationsschlüssel nach Art. 17(2) BayKiBiGV eingehalten.

Hinweis:
Es fehlen 8,7 Buchungsstunden am Tag, um den Anstellungsschlüssel von 1:11 zu erreichen.
D.h., jedes Kind müsste pro Tag 0,17 Stunden mehr buchen.

Berechnung des Anstellungsschlüssels und des Qualifikationsschlüssels

Anzahl Kinder und Nutzungszeiten St. Benedikt — Haushalt 2006

Buchungsstunden		Regelkind	beh. Kind 4,5	Sprachfaktor 1,3	unter 3 Jahre 2	Schulkind 1,2	Kinder gesamt	gesamt Buchungsstunden		Zuschuss
bis	2						0	0	384,36 €	0,00 €
bis	3				2		2	6	576,53 €	2.306,12 €
bis	4						0	0	768,71 €	0,00 €
bis	5	10		3			13	65	960,89 €	13.356,37 €
bis	6	14					14	84	1.153,07 €	16.142,98 €
bis	7	18					18	126	1.345,24 €	24.214,32 €
bis	8	4					4	32	1.537,42 €	6.149,68 €
bis	9						0	0	1.729,60 €	0,00 €
bis	10						0	0	1.921,78 €	0,00 €
Kinder gesamt		46		3	2		51	313		62.169,47 €

Nutzungszeiten Tage/Woche	5
Nutzungszeiten Tage/Monat	20
Abrechnungsmonate	12
Aufwendungen/ Jahr	170.000,00 €
Rücklagen fix **und**	
Rücklagen prozentual	3,00%
Gesamthaushalt	175.100,00 €
==> Aufwendungen/ Monat	**14.591,67 €**
==> Aufwendungen/ Stunde Gesamtnutzung	**2,33 €**
Differenz / Stunde	**0,68 €**

Berechneter Haushalt aus	
Variante 4	Variante 5
175.680,94 €	175.782,94 €

Nutzungstunden pro Woche	1565
Nutzungstunden pro Monat	6260
Zuschuss pro Jahr	**124.338,94 €**
Zuschuss Kommune	
Zuschuss gesamt	**124.338,94 €**
Zuschuss pro Abrechnungsmonat	**10.361,58 €**
Zuschuss pro Nutzungsstunde	**1,66 €**
Differenz pro Monat	**Diff./ Monat 4.230,09 €**

Ergebnisse Elternbeiträge pro Monat

		Variante 1 lineare Beiträge	Variante 2 Sockelbetrag	Variante 3 Sockelbetrag 2	Variante 4 max. Beitrag	Variante 5 variabler Betrag
Sockelbetrag für Haushaltsdeckung			90%	90%		
Kernzeit pro Tag			4	4	4	
Beitragssatz für Staffelung			3,88 €	3,73 €	6,50 €	
Sockelbetrag Elternbeitrag			74,65 €	74,65 €	70,00 €	
Buchungsstunden						
bis	2	27,03 €	66,89 €	74,65 €	57,00 €	30,00 €
bis	3	40,54 €	70,77 €	74,65 €	63,50 €	40,00 €
bis	4	54,06 €	74,65 €	74,65 €	70,00 €	70,00 €
bis	5	67,57 €	78,53 €	78,38 €	76,50 €	77,00 €
bis	6	81,09 €	82,41 €	82,25 €	83,00 €	84,00 €
bis	7	94,60 €	86,29 €	86,13 €	89,50 €	91,00 €
bis	8	108,12 €	90,17 €	90,00 €	96,00 €	98,00 €
bis	9	121,63 €	94,05 €	93,87 €	102,50 €	105,00 €
bis	10	135,15 €	97,93 €	97,75 €	109,00 €	112,00 €
Monatlicher Elternbeitrag		4.230,09 €	4.230,09 €	4.230,09 €	4.278,50 €	4.287,00 €
Differenz zum monatlichen HH-Ansatz		0,00 €	0,00 €	0,00 €	48,41 €	56,91 €

Kosten einer Buchungsstunde						
bis	2	13,51	33,44	37,32	28,50	15,00
bis	3	13,51	23,59	24,88	21,17	13,33
bis	4	13,51	18,66	18,66	17,50	17,50
bis	5	13,51	15,71	15,68	15,30	15,40
bis	6	13,51	13,74	13,71	13,83	14,00
bis	7	13,51	12,33	12,30	12,79	13,00
bis	8	13,51	11,27	11,25	12,00	12,25
bis	9	13,51	10,45	10,43	11,39	11,67
bis	10	13,51	9,79	9,77	10,90	11,20

Kalkulationsmodell für die Staffelung zukünftiger Kindergartenbeiträge

Dokumentation und Bildungsplan

Ansprechpartner: Rainer Büttner
E-Mail: info@delfi-system.de

Das folgende Dokumentationssystem, das von Rainer Büttner, Freiburg, entwickelt wurde, dient der Planung, Durchführung und Evaluation aller pädagogischen, organisatorischen und verwaltungstechnischen Tätigkeiten. Zusätzlich erlaubt es – und das unterscheidet das Programm von der üblichen Software – die Ausrichtung der Dokumentation auf den jeweiligen Bildungsplan und macht die durch die Bildungspläne vorgegebene Förderung konkreter Bildungs- und Entwicklungsbereiche überprüfbar und nachvollziehbar. Vielfältige statistische Auswertungsmöglichkeiten erlauben qualitative und quantitative Rückschlüsse auf das eigene Leistungsspektrum. Damit kann ein Team folgende Fragen leicht beantworten:

- Decken wir mit unserem Angebot sämtliche Bildungsbereiche des Bildungsplans gleichermaßen ab? Setzen wir Schwerpunkte? Haben wir Defizite oder „blinde Flecken“?
- Werden alle Kinder in einem gleichen zeitlichen Mindestumfang beobachtet und gefördert?
- Erreichen wir mit unseren pädagogischen Angeboten alle Kinder? Wo haben einzelne Kinder Stärken oder Schwächen?
- Waren Stammgruppen und Funktionsräume über einen längeren Zeitraum optimal besetzt?

Im Folgenden sollen nur einige wichtige Kernfunktionen des Programms beschrieben werden:

Entwicklung – Lernen – Förderung (ELF)
Ein zentraler Baustein des Programms ist das Entwicklungsdokument (ELF) (siehe S. 150). Es stellt nach dem Prinzip eines Baumdiagramms die Entwicklungs- und Lernfelder dar, die sich aus dem jeweiligen Bildungsplan eines Bundeslandes (hier am Beispiel des Bayerischen Bildungs- und Erziehungsplans) ergeben und die die Einrichtung fördern möchte.

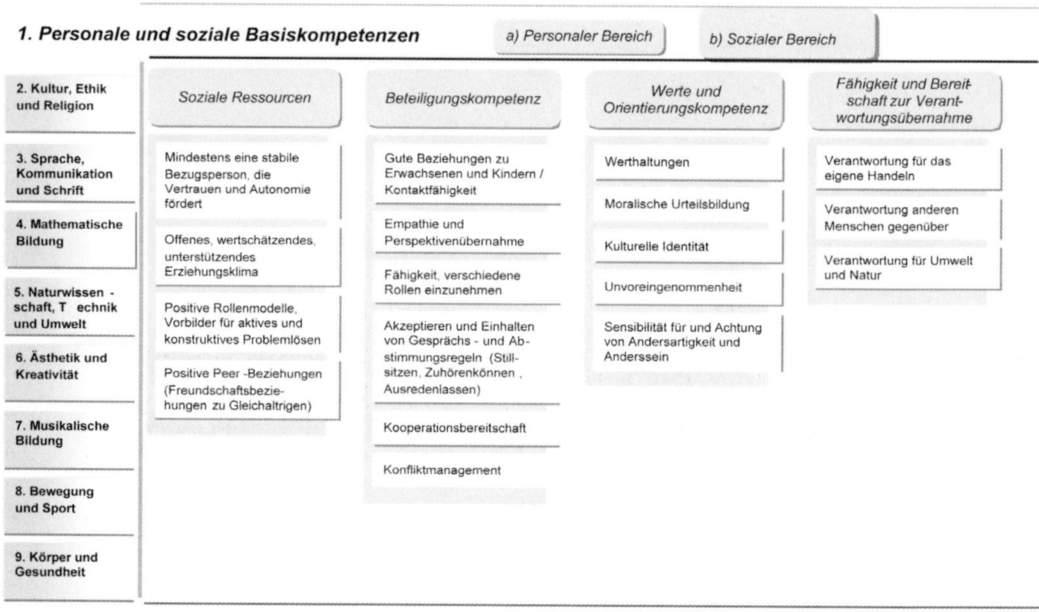

Gliederung:
1. Ebene: Entwicklungs- und Lernfelder (ELF)
2. Ebene: ELF-Untergliederung
3. Ebene: Beobachtungsbögen, Feinziele

Beispiel 1: ELF-Dokument

Kalenderansicht

Eine Kalenderansicht (siehe S. 151) lässt auf Anhieb erkennen, wann welche Aktionen (aufschlüsselbar nach einzelnen Kindern, Kleingruppen, Gesamtgruppe etc.) geplant sind oder stattgefunden haben. Der angezeigte Zeitraum ist frei wählbar (Tag/Woche/Jahr).

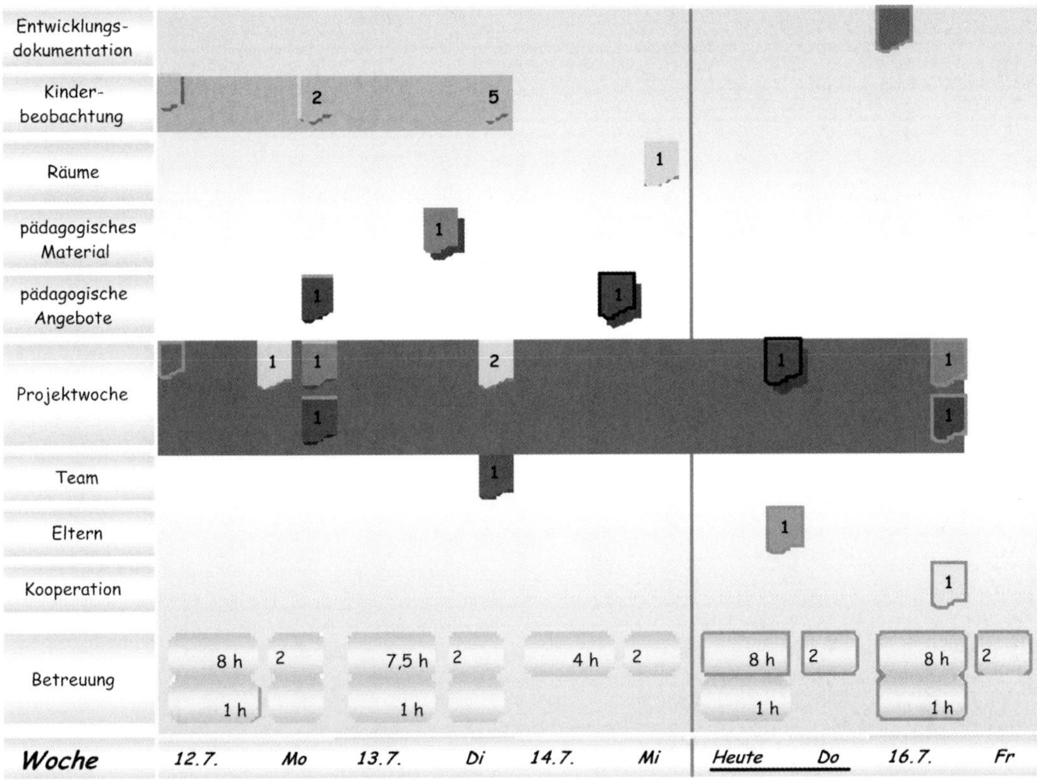

Die Icons repräsentieren einzelne Aktionen. Durch Anklicken hat man direkten Zugriff auf die entsprechenden Dokumente.

Beispiel 2: Wochenansicht für ein Kind

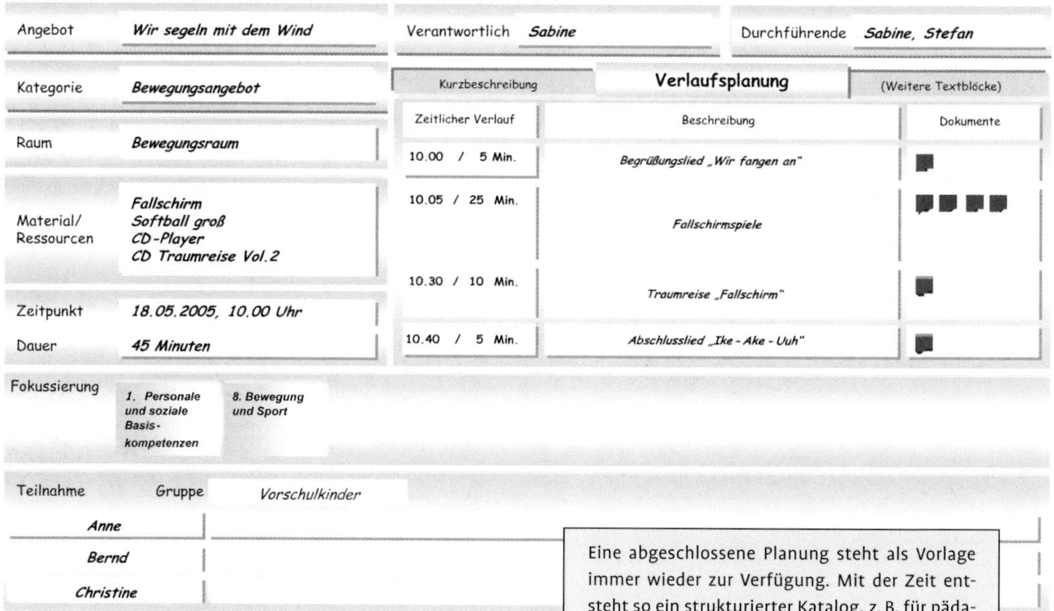

Beispiel 3: Planung für ein pädagogisches Angebot

> Eine abgeschlossene Planung steht als Vorlage immer wieder zur Verfügung. Mit der Zeit entsteht so ein strukturierter Katalog, z. B. für pädagogische Angebote.

Anlegen und Planen von Aktionen

Die einzelnen Aktivitäten sind in verschiedene Kategorien bzw. Module unterteilt, wie z. B. pädagogische Angebote, Projekte, Kinderbeobachtung, Team- oder Elterngespräche usw. Für jede einzelne Aktion wird von der zuständigen Fachkraft ein Dokument angelegt (siehe oben). Dieses kann bis zum Zeitpunkt des Geschehens immer wieder bearbeitet werden. Danach steht das Dokument im Evaluationsmodus zur Verfügung.

Zielfokussierung der Aktivitäten auf den Bildungsplan

Eine Aktion (z. B. pädagogisches Angebot, Kinderbeobachtung, siehe S. 153) kann eine Zuordnung zu bestimmten Bereichen des Bildungsplans erhalten (Fokussierung).

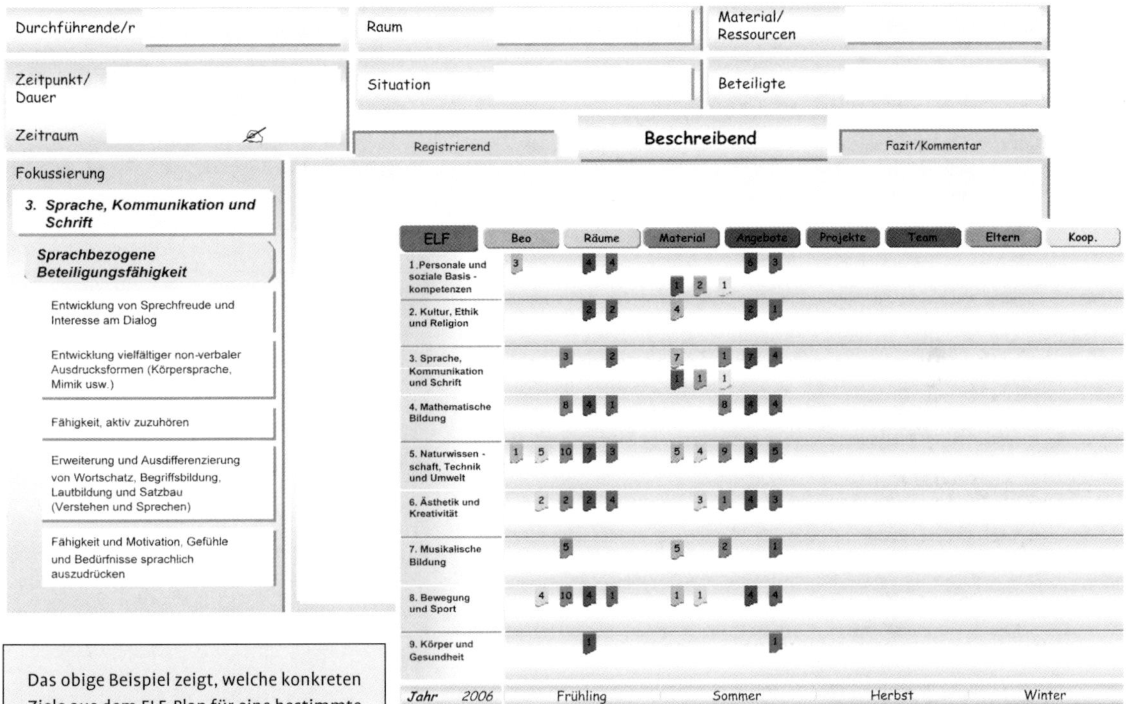

Das obige Beispiel zeigt, welche konkreten Ziele aus dem ELF-Plan für eine bestimmte Beobachtung ausgewählt wurden.

Beispiel 4: Kinderbeobachtung

Im ELF-Dokument eines Kindes wird anschließend deutlich, wann Aktionen mit Bezug zum jeweiligen Bildungsbereich stattgefunden haben. Bei der Erstellung eines Entwicklungsberichts ist eine direkte Bezugnahme zu den Dokumenten möglich (z. B. Beobachtungen, Vereinbarungen über spezielle Förderung etc.).

Überblick über die aktuellen Bildungspläne

Land	Kerndaten	Geltungsbereich	Verbindlichkeit der Zielvorgaben	Vorgegebene Zielüberprüfung	Umsetzung der Ziele
Baden-Württemberg	„Orientierungsplan für Bildung und Erziehung“ 2006 Umfang: 128 Seiten	3 Jahre bis Schuleintritt	Die Zielformulierungen für die unterschiedlichen Bildungsbereiche sind für die Träger bzw. Einrichtungen verbindlich. Dreijährige Erprobungsphase	keine	Die Umsetzung ist den Einrichtungen übertragen bzw. an die Situation vor Ort anzupassen Es ist jedoch festgelegt, dass die Umsetzung in Erziehungspartnerschaft mit den Eltern durchgeführt wird.
Bayern	„Bayerischer Bildungs- und Erziehungsplan für Kinder in Tageseinrichtungen bis zur Einschulung“ 2006 Umfang: 488 Seiten	Aufnahme bis Schuleintritt	Die Orientierung am Bildungs- und Erziehungsplan ist verbindlich.	keine	Die Umsetzung der einzelnen Bildungs- und Erziehungsperspektiven bzw. -bereiche ist bis in praktische Beispiele hinein dargelegt.
Berlin	„Das Berliner Bildungsprogramm für die Bildung, Erziehung und Betreuung von Kindern in Tageseinrichtungen bis zu ihrem Schuleintritt“ 2004 Umfang: 133 Seiten	Aufnahme bis Schuleintritt	Es werden operationalisierte (Kompetenz-) Ziele benannt und jeweils mit den unterschiedlichen Bildungsbereichen verknüpft. Die Ziele sind jedoch nicht verbindlich, sie gelten als „Richtungsziele“.	keine	Für die Umsetzung der „Richtungsziele“ werden praktische Bildungsaufgaben für die Erzieherinnen und Erzieher vorgeschlagen.
Brandenburg	„Grundsätze elementarer Bildung in Einrichtungen der Kindertagesbetreuung“ 2004 Umfang: 27 Seiten	Aufnahme bis Ende der Grundschule; Schwerpunkt: Kindergarten	Ziel der Grundsätze ist es, allen Kindern die erforderlichen und angemessenen Bildungsmöglichkeiten zu eröffnen. Die Bildungsbereiche sollen dieser Zielerreichung dienen. Die Ziele sind aber nicht verbindlich beschrieben.	keine	Die Grundsätze dienen vorwiegend der Entwicklung von Konzeptionen in den Einrichtungen. Darin soll dargelegt werden, wie die individuellen Fähigkeiten der Kinder pädagogisch begleitet werden. Die Art der Umsetzung bleibt offen.

Bremen	„Rahmenplan für Bildung und Erziehung im Elementarbereich“ In Kraft getreten: nicht angegeben 2004 Umfang: 42 Seiten	Aufnahme bis Schuleintritt; Schwerpunkt: Kindergarten	Einleitend wird in diesem Rahmenplan betont, dass Ziele für die Bildung und Erziehung von Kindern definiert werden. Eindeutige Zielformulierungen sind nur schwer erkennbar.	keine	Im Rahmenplan wird die eigenständige Umsetzung der Bildungsziele gefordert. Die Orientierungen an den Leitideen wird betont. Der Plan soll Anregungen für die Umsetzung der Ziele geben.
Hamburg	„Hamburger Bildungsempfehlungen für die Bildung und Erziehung von Kindern in Tageseinrichtungen“ 2005 Umfang: 84 Seiten	Schwerpunkt: Kindergarten und Vorschuljahr	Es werden die Kompetenzbereiche sowie die operationalisierten Ziele benannt und jeweils mit den unterschiedlichen Bildungsbereichen verknüpft. Der Grad der Verbindlichkeit ist erkennbar.	Die Zielerreichung soll durch Verfahren der Selbstevaluationen und der externe Evaluation überprüft werden.	Aus den Zielen und Bildungsbereichen heraus werden Aufgaben für die Erzieherinnen und Erzieher formuliert.
Hessen	„Bildungs- und Erziehungsplan für Kinder von 0 bis 10 Jahren“ 2005 Umfang: 133 Seiten	Aufnahme bis Ende der Grundschule	Für Basiskompetenzen und andere Bildungsbereiche werden jeweils Bildungsziele auf der Ebene von Empfehlungen formuliert. Eine Erprobungsphase dient der Weiterentwicklung.	Reflexion und Evaluation werden empfohlen.	Die Umsetzung der Bildungsziele und Bildungsbereiche wird im Bildungs- und Erziehungsplan beschrieben.
Mecklenburg-Vorpommern	„Rahmenplan für die zielgerichtete Vorbereitung von Kindern in Kindertageseinrichtungen auf die Schule“ 2004 Umfang: 76 Seiten	Vorwiegend letztes Jahr vor dem Schuleintritt	Oberstes Bildungsziel ist die Persönlichkeitsentwicklung, die durch den Erwerb von (personalen, sozialen etc.) Fähigkeiten in bestimmten Erziehungs- und Bildungsbereichen erreicht werden soll. Bezüglich der Bildungsbereiche existieren Empfehlungen.	keine	Für die Umsetzung gibt der Rahmenplan „methodisch-didaktische Hinweise“.

Niedersachsen	„Orientierungsplan für Bildung und Erziehung im Elementarbereich niedersächsischer Tageseinrichtungen für Kinder“ 2005 Umfang: 60 Seiten	Schwerpunkt: Elementarbereich	Die Bildungsziele für die beschriebenen Lernbereiche sind gedacht als Orientierung für die Erarbeitung einrichtungsspezifischer Konzeptionen und sollen Anhaltspunkte für die Evaluation sein. Die Bildungsziele sind teilweise operationalisiert.	Die Bildungsziele dienen als Anhaltspunkte für die Evaluation.	Die Unterzeichner betrachten den Orientierungsplan als Grundlage für die Bildungsarbeit im Elementarbereich. Der Plan hat empfehlenden Charakter, die Verantwortung für die Umsetzung bleibt bei den Trägern der Kindertagesstätten.
Nordrhein-Westfalen	„Bildungsvereinbarung NRW – Fundament stärken und erfolgreich starten“ 2003 Umfang: 24 Seiten	Aufnahme bis Schuleintritt; Schwerpunkt: Kindergarten und ein Jahr vor der Einschulung	Ziel der Vereinbarung ist es, Bildungsprozesse in Kitas zu stärken. Auf einer allgemeinen Ebene sind Bildungsziele festgelegt, die jedoch nicht operationalisiert sind. Auf der Ebene der Bildungsbereiche sind keine Ziele formuliert. Die Vereinbarung ist aber verbindlich für die Unterzeichner.	keine	Beispielhaft werden Bildungsbereiche als Handreichung für die Entwicklung von einrichtungsinternen Bildungskonzepten dargestellt.
Rheinland-Pfalz	„Bildungs- und Erziehungsempfehlungen für Kindertageseinrichtungen in Rheinland-Pfalz“ 2004 Umfang: 71 Seiten	Aufnahme bis 14 Jahre	Auf der Ebene der Bildungsbereiche sind Ziele dargelegt, diese sind jedoch nicht verbindlich.	Keine, aber die Bedeutung von Beobachtungen zur Umsetzung des Bildungsauftrags wird betont.	Die Empfehlungen sollen als Grundlage für die pädagogische Arbeit aller Träger von Kindertagesstätten dienen.
Saarland	„Bildungsprogramm für saarländische Kindergärten: Handreichung für die Praxis“ 2004 Umfang: 118 Seiten	Aufnahme bis Schuleintritt	Als allgemeines Bildungsziel wird die Erlangung der Basiskompetenzen (Ich-, Sozial-, Sach- und Lernkompetenz) beschrieben. Diese wiederum sind in Unterpunkten präzisiert und wiederholen sich als Teilziele in den Bildungsbereichen – die Verbindlichkeit bleibt offen.	keine	Für die Umsetzung werden für die Erzieherinnen und Erzieher Bildungsaufgaben skizziert.

Sachsen	„Bildungsplan Sachsen“ Rohfassung: Fertigstellung bis 2007 Umfang: 167 Seiten	Aufnahme bis Schuleintritt	Es sind zwar Bildungsbereiche, jedoch keine Ziele formuliert.	keine	Der Bildungsplan gibt fachliche Anregungen zur Umsetzung.
Sachsen-Anhalt	„Bildung: Elementar-Bildung als Programm für Kindertageseinrichtungen in Sachsen-Anhalt“ 2004 Umfang: 101 Seiten	Aufnahme bis 14 Jahre	Ziele sollen über Kompetenzen (personale, soziale, sachliche und lernmethodische) in der Praxis konkretisiert werden, sind aber im Bildungsprogramm nicht formuliert.	keine	Die Beschreibungen zu den Bildungsbereichen dienen zur Orientierung für die Umsetzung.
Schleswig-Holstein	„Erfolgreich starten – Leitlinien zum Bildungsauftrag von Kindertageseinrichtungen“ 2004 Umfang: 31 Seiten	Aufnahme bis 14 Jahre	Auf der Ebene von Kompetenzen (Selbst-, Sozial- und Lernkompetenzen) werden Lernziele vorgeschlagen, diese sind jedoch nicht verbindlich.	keine	Die Leitlinien sollen zur Wahrnehmung des Bildungsauftrags in den Einrichtungen beitragen.
Thüringen	„Leitlinien frühkindlicher Bildung“ 2003 Umfang: 12 Seiten	Aufnahme bis Schuleintritt	Keine Zielvorgaben	keine	Die Einrichtungen sollen bei der Entwicklung von Konzeptionen die Bereiche Sprache und Kommunikation, soziale und emotionale Beziehungen, Bewegung, Spielen, Gestalten und Experimentieren explizit ausweisen.

Andres, B.; Laewen, H. J.; Pesch, L. (Hrsg.): Elementare Bildung, Bd. 1: Grundsätze und Praxis, Bd. 2: Handlungskonzept und Instrumente, Verlag Das Netz, Berlin 2006.

Becker, U.: Gemeinschaftsrechtliche Vorgaben für die Leistungserbringung im Bereich der Sozial-, Kinder- und Jugendhilfe, in: Archiv für Wissenschaft und Praxis der sozialen Arbeit. Vierteljahresheft zur Förderung von Sozial-, Jugend- und Gesundheitshilfe, Jg. 36, 2005, Nr. 3, S. 20–32.

Bildungswerk der Bayerischen Wirtschaft (Hrsg.): „Es funktioniert?!“ – Kinder in der Welt der Technik. Ein Projekt-Ideen-Buch, Don Bosco, München 2007.

Blochmann, E.: Pädagogik des Kindergartens, in: L. Besser u. a. (Hrsg.): Beiträge zur Sozialpädagogik, Meyer, Heidelberg 1961.

Bock, K.; Timmermann, D.: Wie teuer sind unsere Kindergärten? Eine Untersuchung zu Kosten, Ausstattung und Finanzierung von Kindertagesstätten, Luchterhand, Neuwied u. a. 2000.

Bock-Famulla, K.; Irskens, B.: Neue Finanzierungsmodelle für Kitas: Bedarfsgerecht, flexibel und qualitätsbewusst, in: M. R. Textor (Hrsg.): Kindergartenpädagogik – Online-Handbuch (www.kindergartenpaedagogik.de/813.html).

Bostelmann, A.; Metz, T. (Hrsg.): Der sichere Weg zur Qualität. Kindertagesstätten als lernende Unternehmen, Luchterhand, Neuwied u. a. 2000.

Burtscher, I.: Mehr Spielraum für Bildung. Kindertagesstätten als Bildungseinrichtung, Don Bosco, München 2000.

Correll, W. (Hrsg.): Lernen und Lehren im Vorschulalter, Auer, Donauwörth 1970.

Diller, A.: Die Kita-Card: Das nachfrageorientierte Gutscheinsystem in Hamburg, in: A. Diller, H. R. Leu, Th. Rauschenbauch (Hrsg.): Kitas und Kosten. Die Finanzierung von Kindertageseinrichtungen auf dem Prüfstand, Verlag Deutsches Jugendinstitut, München 2004, S. 53–71.

Diller, A.; Leu, H. R.; Rauschenbauch, Th. (Hrsg.): Kitas und Kosten. Die Finanzierung von Kindertageseinrichtungen auf dem Prüfstand, Verlag Deutsches Jugendinstitut, München 2004.

Erath, P.: Von der Konzeption zum Qualitätshandbuch. Weiterentwicklung und Qualitätssicherung, 2. Aufl., Don Bosco, München 2002.

Erath, P.; Amberger, C.: Das KitaManagement-Konzept. Kindertagesstätten auf dem Weg zur optimalen Qualität, Herder, Freiburg/Br. 2000.

Erath, P.; Amberger, C.: Vom Kindergarten zum Kinderhaus. Bedarfsgerechte Weiterentwicklung in acht Schritten, Don Bosco, München 2000.

Erath, P.; Schwarzkopf, F.: Das Kita Qualitätshandbuch – CD-ROM, Don Bosco, München 2004.

Friedag, H.; Schmidt, W.: Balanced Scorecard, 2. Aufl., Haufe, Freiburg/Br. 2004.

Fthenakis, W. E. (Hrsg.): Elementarpädagogik nach PISA. Wie aus Kindertagesstätten Bildungseinrichtungen werden können, Herder, Freiburg/Br. 2003.

Fthenakis, W. E. u. a. (Hrsg.): Träger zeigen Profil. Fachbuch mit CD, Beltz, Weinheim/München 2003.

Garske, K.: Pädagogik in Kindertagesstätten. Eine Studie zu den Konsequenzen pädagogischer Defizite, Peter Lang, Frankfurt/M. 2003.

Griebel, W. u. a.: Erweiterte Altersmischung in Kita und Schule. Grundlagen und Praxishilfen für Erzieherinnen, Lehrkräfte und Eltern, Don Bosco, München 2004.

Heinz, R.: Kommunales Management: Überlegungen zu einem KGSt-Ansatz, Schäffer-Pöschel, Stuttgart 2000.

Jacobs, D.: Kreative Dokumentation. Dokumentationsmodelle für Kindertagesstätten, Beltz, Weinheim/München 2006.

KES-R: Feststellung und Unterstützung pädagogischer Qualität in Kindergärten, hrsg. von K. Grenner, K.-M. Schuster, W. Tietze u. a., Beltz, Weinheim/München 2005.

KGST: Outputorientierte Steuerung in der Jugendhilfe. Bericht, Köln 1994.

Kindergarten heute: Basiswissen Social Sponsoring & Fundraising, Herder, Freiburg/Br. 2002.

Kokigei, M. u. a.: Zwischen Mindeststandard und bester Fachpraxis. Qualitätsentwicklung in eigener Regie, Kallmeyer'sche Verlagsbuchhandlung, Seelze/Velber 2003.

KRIPS-R: Krippen-Skala. Festlegung und Unterstützung pädagogischer Qualität in Krippen, hrsg. von W. Tietze u. a., Beltz, Weinheim/München 2005.

Kronberger Kreis (Hrsg.): Qualität im Dialog entwickeln. Wie Kindertageseinrichtungen besser werden, Kallmeyer'sche Verlagsbuchhandlung, Seelze/Velber 1998.

Laewen, H. J.; Andres, B. (Hrsg.): Bildung und Erziehung in der frühen Kindheit. Bausteine zum Bildungsauftrag von Kindertageseinrichtungen, Beltz, Weinheim/München 2002.

Loffing, C.; Hofmann, C.; Splietker, M.: Mitarbeitermotivation leicht gemacht: Tipps für die Motivationsarbeit, Kohlhammer, Stuttgart 2006.

Miller, T.: Ressourcenmanagement in der Kita, Don Bosco, München 2001.

Ministerrat der Deutschen Demokratischen Republik: Programm für die Bildungs- und Erziehungsarbeit im Kindergarten der Deutschen Demokratischen Republik, Verlag Volk und Wissen, Berlin 1985.

Münzenloher, I.: Qualitätsmanagement in der Kita. Umsetzung der DIN EN ISO 9000 in Kindertageseinrichtungen, Stam, Köln 2001.

Schreyer, I. u. a.: Trägerqualität – Ein Ansatz zur Steuerung von Qualität durch Evaluation, in: W. E. Fthenakis (Hrsg.): Elementarpädagogik nach PISA. Wie aus Kindertagesstätten Bildungseinrichtungen werden können, Herder, Freiburg /Br. 2003, S. 352–371.

Spieß, C. K.; Wrohlich, K.: Kindertages-Einrichtungen: Bedarf und nachhaltige Finanzierung, in: Aus Politik und Zeitgeschichte, Bd. 23, 2005, S. 30–37.

Stoll, B.: Balanced Score Card für soziale Organisationen. Qualität und Management durch strategische Steuerung, Walhalla, Regensburg 2002.

Textor, M. R. (Hrsg.): Kindergartenpädagogik – Online-Handbuch (www.kindergartenpaedagogik.de/813.html).

Tietze, W. (Hrsg.): Wie gut sind unsere Kindergärten? Eine Untersuchung zur pädagogischen Qualität in deutschen Kindergärten, Luchterhand, Neuwied u. a. 1998.

Willke, H.: Einführung in das systemische Wissensmanagement, Auer, Heidelberg 1998.

Zeller, C.: Social-Sponsoring: Gewinnbringende Zusammenarbeit zwischen Kindertagesstätten und Unternehmen, Don Bosco, München 2001.

Zimmer, J.: Der Situationsansatz als Bezugsrahmen der Kindergartenreform, in: Enzyklopädie Erziehungswissenschaft, Bd. 6: Erziehung in früher Kindheit, hrsg. von J. Zimmer, Klett, Stuttgart 1985, S. 21–38.